赢在责任心 胜在执行力

（全新升级版）

钱　宸/著

中华工商联合出版社

图书在版编目(CIP)数据

赢在责任心　胜在执行力 / 钱宸著. -- 北京：中华工商联合出版社，2020.9

ISBN 978-7-5158-2760-5

Ⅰ. ①赢… Ⅱ. ①钱… Ⅲ. ①成功心理—通俗读物 Ⅳ. ①B848.4-49

中国版本图书馆CIP数据核字（2020）第124080号

赢在责任心　胜在执行力

作　　者：钱　宸
出 品 人：李　梁
责任编辑：吕　莺　董　婧
装帧设计：周　源
责任审读：李　征
责任印制：迈致红
出版发行：中华工商联合出版社有限责任公司
印　　刷：北京毅峰迅捷印刷有限公司
版　　次：2020年9月第1版
印　　次：2020年9月第1次印刷
开　　本：16开
字　　数：128千字
印　　张：16.25
书　　号：ISBN 978－7－5158－2760－5
定　　价：42.00元

服务热线：010－58301130－0（前台）
销售热线：010－58302977（网店部）
010－58302166（门店部）
010－58302837（馆配部、新媒体部）
010－58302813（团购部）
地址邮编：北京市西城区西环广场A座
19－20层，100044
http://www.chgslcbs.cn
投稿热线：010－58302907（总编室）
投稿邮箱：1621239583@qq.com

目录 CONTENTS

第四章 责任担当，凡事不找借口

第五章 责任效应，一切皆有“可能”

第一章

责任第一，工作中融入使命感

你是在为自己工作

责任是一个人心态、态度、行为、作风、习惯、原则的反映。

责任是一个人有心智、有格局和有胸怀的体现。

责任是一个人达到使命和追求完美的体现。

责任是一个人人生观、价值观和世界观的综合展现。

责任是一个人对待人生和生命的态度。

员工只有时刻牢记自己的责任，才能在工作中取得成功。

员工只有时刻牢记自己的责任，才能在工作中成为赢家。

员工只有努力地工作，负责任工作，才是应尽本份。负责工作是为了自己，因为工作能满足我们的各种需要，物质需要和精神需要；有工作的机会，才能让自己充分发挥能力，展示自己的才干。员工还要珍惜自己的工作机会，因为只有工作着，才会是快乐的满足的。工作可以不断磨练自己，超越自己，点燃激情，让责任使命根植于心。工作可以为我们的人生打开崭新的天地，让我们蜕变成蝶。

洛克菲勒在其自传中讲述了他第一次工作的经历：

那时，我虽然每天天刚亮就得去上班，而办公室点着的油灯又很昏暗，但那份工作从未让我感到枯燥乏味，反而很令我着迷和喜悦，连办公室里的一切繁文缛节都不能让我对它失去热心。而努力工作的结果是，雇主不停地为我加薪。

老实说我是一个野心家，从小我就想成为富人。对我来说，我受雇的休伊特—塔特尔公司是一个锻炼我的能力、让我一试身手的好地方。它代理各种商品销售，拥有一座铁矿，还经营着两项让它赖以生存的事业，那就是给美国经济带来革命性变化的铁路与电报。它把我带进了妙趣横生、广阔绚丽的商业世界，让我学会了尊重数字与事实，让我看到了运输业的威力，更培养了我作为商人应具备的能力与素养。所有的这些都在我以后的经商中发挥了极大的效能。我可以说，没有在休伊特—塔特尔公司的磨炼，在事业上，我或许要走很多弯路。

“现在，每当想起休伊特——塔特尔公司，想起我当年的老雇主休伊特和塔特尔两位先生时，我的内心就不禁涌起感恩之情。那段工作生涯是我一生奋斗的开端，为我打下了奋斗的基础，我永远对那三年半的经历感激不尽。”

正因为洛克菲勒对工作充满感激之情，深知自己是在为谁工作，所以他不仅对工作没怨言，相反认为工作给了他快乐。他从未像有些人那样抱怨过自己的雇主，比如说：“我们只不过是打工的，我们被雇主踩在脚下，他们却高高在上，在他们美丽的别墅里享乐。他们的保险柜里装满了黄金，而他们所拥有的每一块钱，都是压榨我们得来的。”相反，洛克菲勒在成立公司后和他员工聊天时常说：“我不知道那些抱怨的人是否想过，是谁给了你就业的机会？是谁给了你建设家庭的可能？是谁让你得到了发展自己的可能？如果你总认为雇主在压榨你，那你为什么不结束压榨，一走了之呢？”

洛克菲勒认为，对工作负责就是对自己负责，他终其一生，对工作高度负责，而高度的责任心不仅成就了他，也成就了他的事业。

曾经有一个社会调查，调查了1000名初入职的员工，第一个问题是：问他们工作的动机是什么？结果大部分人的答案是为了薪水。后来又问他们第二个问题：对跳槽怎么看，结果有些人回答跳槽很正常。第三个问题：问他们工作快不快乐，结果大多数人回答不快乐。

这些员工其实不明白，薪水只是生活的手段，而快乐工作，才是体现工作价值的平台。所以，如果一味将自己置于薪水的从属地位，就无法真正做到有责任心，也无法快乐工作。

此外，社会上还有一些人认为自己只是被雇用，是“打工仔”，是在为老板“卖命”，是“出卖”自己的价值。这也是不对的，工作不是为了谁，是为了自己，是为了自己生存的社会工作。工作是铸就和施展才能的平台，由此，对工作敬业，对工作有责任心，就能锻炼自己更加出色。

一个员工如果不能把公司所需当作自己所需，而只是一味强调不是为自己工作，那么，他的未来也只能是在懒散中浑浑噩噩度日。的确，在工作中，老板、公司收获的金钱肯定要许多于你，可是，你获得的技能、经验和工作能力，也是老板、公司拿不走的。

在一家公司里有两个年轻人，A总是在下班铃响起的时候就匆匆换上衣服离开，而B却总是十分仔细地做完自己的工作，并且在厂房巡视一圈，确认没有问题才离开。

有一天，A和B在食堂相遇，A对B说：“你让我们感到很难堪。”

“为什么？”B不明就里。

“你让老板认为我们不够努力。”A皱着眉头说，“你这个傻瓜，我们不过是为老板打工，不值得这么卖命！”

“可是，我们表面看是在为老板打工，但同时也是为自己打工。”B回答。

事后，B果然步步高升，不出几年，就有了很好的前途。

当一个人进入社会工作时，他便与工作单位结成了一个整体。单位有收益，他也会跟着获益；单位有荣誉，他也会因此得到光荣。如果一个员工一直把自己视为局外人，看着单位兴衰成败，对单位没有归属感，那么，这样的工作不仅让他没有工作激情，同时他也是不快乐的。

据说，在纽约的费特曼公司有一条规矩：你看到问题就要解决，因为这个问题就是你的问题。在这样的企业文化感召下，这家公司里每个员工对公司的发展都有参与感，都很主动承担工作和责任。所以身在一个集体中，就要真正把自己当成集体的一分子，只有热爱自己的工作和岗位，才能感受到工作乐趣和家庭一般的温暖，并且获得成就感。人时刻要牢记：工作给予你的，远远不止薪水。

在美国，有一个博士毕业的年轻人因为挑剔工作岗位不符合学历，找了很久也没有得到一份自己想要的工作。到最后，他为了谋生，只能进一家制造燃油机的企业做了一名检查人员，工资比一般的工人还要低。然而一旦开始工作，这个年轻人的责任心就开始体现出来了，他严格检查产品，不放过一丝问题。

几个月后，他发现公司生产成本高，产品质量却参差不齐，凭着学到的知识和自身的聪明才智，他找到了问题的症结，并找到老板说明此事，提出了改革的方案。身旁的同事知道后都笑他傻，说："就这么点儿工资，还费劲为公司考虑什么呢？"

但这个年轻人却认为他这样做是为了自己。半年之后，他晋升为副经理，薪水更是翻了几倍。这家公司还因为他的建议增加了几千万的收入。

这个年轻人正是因为对工作怀有使命感，尽心尽力地负责工作，所以后来被重用。

一家公司的进步是和员工的责任心是分不开的，如果员工只是一味地为了薪水工作，干工作如同“混饭吃”，那么公司不会有大发展，个人也无法真正成长。

在工作中，人可以学到很多书本上学不到的东西，也可以训练和培养自己的职业精神和责任心。在工作的过程中，人的经验和智慧都会逐渐增长，当你发现自己拥有了很多可贵的知识和技能时，薪水就不再是工作中最重要的东西了。

曾经有一个年轻人很有才华，但是对待工作却没有责任心，因为他认为自己只是在打工，没必要为了老板、公司去“拼命”。他对身边的同事说，如果是自己的公司，他一定会夜以继日地工作，甚至比现在的老板更拼命。

后来，他辞了职，自己开了一家小公司。朋友们都祝贺他，认为他肯定会很用心地做好公司，因为这已经是他自己的公司了。可是，仅仅半年之后，他的小公司便关闭了。

这个年轻人说，开公司太复杂太麻烦，他应付不了，还是去替人打工比较容易。

这位年轻人之所以会如此，正是因为他缺少责任心，所以，在遇到困难的时候，他丧失了努力下去的耐心和坚持，可见，无论是替人打工还是自己当老板，如果没有责任意识，就都难以做出成就。

没有责任心的员工不仅会对公司造成损害，对自己的损害也会更大。没有责任心的员工不管干什么都会一事无成，而有责任心的员工才能在岗位上立足，做出成就。责任心不只是付出，也一定会有回报。

责任心是一种非常重要的素质，是做一个优秀的员工所必须坚守的。员工在单位工作和学习，不仅要对自己的岗位负责，还要对自己的一言一行负责，要对提供岗位的单位负责，对老板负责。俗话说："人无完人，金无足赤。"人没有十全十美的，但有了责任意识，就可以把自己管得住，把工作做到尽善尽美。

大家都看过蜘蛛织网，当你搅毁它已编织好的所有网线时，它不急不躁，又开始从头织起来。无论你破坏它编好的网多少次，它都会坚持不懈的继续编网，直到把网织完。或许，它织完网后也会遇到一场大雨，将它辛苦织出的网冲得无影无踪，可是，蜘蛛不生气，它还会再重新开始。

人类的工作难道不比蜘蛛结网更伟大和神圣吗？连蜘蛛都能如此敬业，那些认为工作不是在为自己打拼的人不应该感到汗颜吗？我们永远要记住，不管做什么工作都要全力以赴、坚持不懈地付出持续的努力；如果人在困苦的环境中仍然能全身心地投入工作，负起自己的责任，那你最终得到的不仅是经济上的报酬，更重要的是人格上的自我完善。

带着责任意识高效工作

人树立了责任意识，才会在朝着目标努力的过程中踏踏实实，任劳任怨，不放弃，不畏难，实现目标。树立责任意识是人成功的第一步。但是，光有责任意识不高效工作，也是不可能成功的。

不带着责任不努力去工作，工作就会干不好，因为天上不会掉馅饼，天底下也不会有免费的午餐，工作要想干好，要想获得成功，就必须具备责任意识，因为树立了责任意识对于高效工作是十分必要的，当然，我们还必须清楚一点：虽然高效工作很重要，但是有责任意识的高效工作才不会增加成本，浪费时间。因为，在实现目标的路途中，会有许多“岔道”和“歧路”，还有十字路口，如何选择，怎样行动，考验着人们的责任意识和各种能力。

著名的博物学家拉马克出生于法国毕加底。从小父亲就希望他长大后能当牧师，于是送他到神学院读书。普法战争爆发，拉马克被征召入伍，派往前线对抗普鲁士军队，不久因为生病而提前退伍。

退伍后，他没有当牧师，却迷上了气象学，想当个气象学家，于是整天抬头看着变化万千的天空。但气象学家没当成，拉马克在银行找到了工作，又想当个金融家了。不久后他又爱上了音乐，整天拉小提琴，想成为一个音乐家。这时，大哥劝他不如当个医生。拉马克听了哥哥的话，学医4年，但他最终对医学却没有多大兴趣。

直到有一天，24岁的拉马克在植物园散步时，碰巧遇上了法国著名的思想家卢梭。卢梭喜欢拉马克，后来常带他到自己的研究室去。在那里，这位以前三心二意的青年被科学深深地迷住了。

此后，拉马克花了整整11年的时间，系统地研究了植物学，写成了名著《法国植物志》。再后来，他当上了植物标本馆的管理员，又花了15年时间研究植物学。到了50岁，拉马克开始研究动物学。此后，他为动物学又努力奋斗了35年的时间，成为了著名的博物学家，同时也是最早提出生物进化论的学者。

拉马克很幸运，尽管其在人生道路上几度步入“岔路”，但每个“岔路”他也都做得都很精彩，当然最终他还是找到了自己最想做的事。

生活中，我们很多人并不会像他那么幸运，很多人也许一生都在“迷迷糊糊”过日子，经常是变换式地盲目地追求一时之间让自己感兴趣的新奇事物，最后才感慨自己蹉跎了不少岁月。

一个黄昏，大哲学家苏格拉底领着他的三个弟子来到一片麦田前。“现在，你们都到田里去摘取一颗自己认为最饱满的麦穗。每个人只有一次机会，采摘了就不能再换。”

三个弟子欣然前行。第一个弟子没走多远，就看到一颗大麦穗，如获至宝地摘下。可是，越往前走，他越发现前面的麦穗远比手中的饱满，于是他扔掉手中的，想挑最大的，然而走到头，发现没有比他原先摘的大，最后他懊恼而归。

第二个弟子每看到一个大麦穗时，总是收回了自己伸出去的手。“更大的麦穗一定在前头。”他这样想着，走到麦田尽头了，仍两手空空，他情知不妙，想摘一颗，却又觉得最饱满的已经错过，他也同样失望而回。

第三个弟子很聪明，他用前三分之一的路程去识别什么样的麦穗才是饱满的麦穗，第二个三分之一的路程去比较判断，在最后的三分之一的路程里，他采摘了一颗最饱满的麦穗，满意而归。

如果把苏格拉底的三个弟子归类，那么显然第一个弟子是属于“先做了再说”之列，这种做法“省略”了思考过程，会导致行为的盲目性与无序性，其结果只能是“懊恼而归”；第二个当属于“等等再说”之列，这类人总是在思索、观望、犹豫，疏于行动，结果也会是“失望而归”；第三个则属“先想后做”之列，这类人在对事物有了充分的认识以及足够的判断之后不慌不忙地出手，结果是“满意而归”。

歌德说过：“责任，就是对自己要做的事情有一种爱”。我们要时刻明确自己的责任意识，这样才能高效工作。人肩扛责任，就能找到工作的意义、乐趣和价值，就可以有所成就。

现今，很多人由于对欲望的追求，忘记了责任的重要性，急功近利的思想越来越严重。还有些人见他人一举成名，也希望自己一夜暴富，遗憾的是，这样的人往往都不能如愿，因为他们忘记了责任，不会成功。

孔子的学生子夏有一年被派去莒父（现在的山东省莒县境内）做地方官。临走之前，他专程去向孔子请教，怎样才能够治理好一个地方。孔子对他说："治理地方，是一件十分复杂的事。但是，只要抓住了根本，有了责任，也就很简单了。你要记住：'无欲速，无见小利。欲速，则不达；见小利，则大事不成'。"

孔子这段话的意思是说，做事不能只想快，不能贪图眼前小利。如果只是追求速度，不讲责任，那抓不住根本，反而达不成目的；或如果只顾眼前利益，忘记责任，那也什么大事都做不成。

一条橡皮筋若拉得太紧，就会有断的危险。人强烈地追求成功，忘记责任，目标反而容易落空。太想赢的人最后往往很难赢，太想达到目标的人往往不容易达到目标。因为，急于求成容易忘了责任，使人盲目行动或浮躁想事，人只有带着踏实认真的责任意识持之以恒地去做事，成功的概率才会大大增加。

武汉市鄱阳街有一座建于1917年的6层楼房，叫做“景明大楼”，该楼的设计者是英国的一家建筑设计事务所。

20世纪末，那座“景明大楼”度过了80个春秋，某一天，它的设计者远隔万里，给这一大楼的业主寄来一份函件。函件告知：景明大楼为本事务所在1917年所设计，设计年限为80年，现已超期服役，敬请业主注意。

80年前盖的楼房，不要说设计者，连当年施工的人，也不会有一个在世了吧？然而，至今竟然还有人为它的安危操心！操这份心的，竟然是它的最初设计者，一个异国的建筑设计事务所！

现今社会，急于求成的人太多，忘记责任的人太多，很多人死死地盯着“名利”二字，然而“名利”于他们而言，宛如天边之月，看着触手可及，却怎么也抓不到。有人说：太阳的责任是照亮黑暗，雨露的责任是滋润大地，花儿的责任是妆点世界，而人们的责任呢？是为了创造世界更美好。

工作中提倡责任，是因为责任代表了耐心、细心，高效，容不得任何急功近利。一个人有了责任意识，不仅能促进自己的成长，激励自己充分发挥个人潜能，克服种种困难，去实现自己的奋斗目标；还能赢得他人的信任，得到他人的帮助和支持；当然，工作中有了责任意识，也能获得自尊和自信，并在履行责任中增长才干，获得单位、社会的承认和赞誉。

树立责任意识高效工作是员工必须要做的；能够负责是人类存在的最重要的本质，无论你在公司是做什么的，你都应有自己的责任。

● 培养责任心就是培养自己的品牌

责任心是一种态度，它决定了人工作的心态和素养。工作本来就是一个积累过程，知识、技能和经验积累得越多，越能战胜工作中诸多的困难，越不会在困难面前低头，会有越挫越勇的进取精神，会有向目标不断前进的顽强信心。

同样都是石匠，同样在雕塑石像，有人问他们：“你们在做什么？”

其中一人说：“唉，我在凿石头，然后准备塑石像，这就是我的工作。”

这个人的回答表示他视工作为“无奈之举”，在他嘴里最常说的一个字就是“累”。

另一个人说：“我正在做雕像。这虽是一份很辛苦的工作，但是酬劳很高。我有太太和四个孩子，这份工作可以保证他们的温饱。”

这个人的回答表示他视工作为谋生手段，在他嘴里经常说的一句话就是“赚钱养家糊口”。

第三个人放下锤子，骄傲地指着并不成型的石雕说：“我正在做一件艺术品，我准备把它精雕细刻，让它成为精品。”

这个人的回答以做工作为自己的骄傲，他不仅有责任与担当而且希望在工作平台上展现出自己的价值。因为他视工作为快乐，在他嘴里最常说的一句话就是“我做的工作很有意义”。

以上三个人代表了现今三种员工的工作状态。他们之间最大的区别就是有无责任心的问题。“天堂”与“地狱”都是由自己“建造”的，如果你认为工作有意义，那么不论工作如何辛苦，你干起来都会感到快乐无比，因为你有责任心。如果你认为工作就是谋生手段，那么，任何工作都会让你觉得有困难、很无趣。当你每天都在说“工作很累人时”，即使你不付出全身心工作，你也会感到精疲力竭，因为你没有责任心。

所以，一个人如果视工作为无上光荣之事，他的人生就是天堂；而如果视工作为一种养家糊口的手段，他的人生就是“地狱”。这就是责任心对不同人心态的影响。

工作是人与生俱来的使命，人类发展史就是工作史。人的责任心不只体现在工作中，更体现人一种可贵的品性。马斯洛把人的需求分成由较低层次到较高层次的五类，分别是生理需求、安全需求、社交需求、尊重需求和自我实现需求。他认为，人不能像动物那样，只满足于低层次的需求，而应达到较高的层次，而这就需要有责任心，需要积极进取，需要通过工作实现自己的价值。洛克菲勒说：“我们努力工作的最高报酬，不在于我们获得什么，而在于我们会因此成为什么。”而成为什么，责任心起了大作用。

在美国一所学校演讲时，麦金莱总统对学生们说：“比其他事情更重要的，是尽职尽责地把一件事情做得尽可能完美；而这与其他有能力做这件事的人相比，如果你能做得更好，那么，你就永远不会失业。”

的确如此，各行各业都需要全心全意、尽职尽责，将工作负责到底的员工。事实证明，员工只有在强烈责任心的激励下，才能不断创造佳绩。

人在工作面前、困难面前，唯有责任在肩，才可以获得成功。人有责任心是尊重自己的表现，而缺失责任心，自尊也会缺失。责任心从根本上讲是面向自己的，假如一个人对自己都不负责任，怎么可能对他人负责？自我担当是对其他人担当的前提，也是对社会担当的基石，所以，唤醒对自我的责任心，就可激发对社会的责任，从而感知自己存在的价值，实现生命的意义。

近年来，人们对责任心的关注程度越来越高，在世界500强的企业中，“责任心”是最为关键的理念和价值观，企业以责任形式，向员工提出各种要求，员工在接受企业的责任要求后，形成个人的工作责任心，并在责任心的驱使下履行企业赋予自己的责任，高效完成工作，可见，责任心对一个企业发展的重要性，对员工个人发展的重要性。

有一次，白求恩在病房里看到一个小护士给伤员换药，发现药瓶里装的药与药瓶上标签名称不一致，也就是说，药瓶里的药不是应该用的药，这怎么行呢？如果要用错了，会出问题的。白求恩严肃地批评了那个小护士，告诉她，做事这样马虎，会出人命的。

白求恩用小刀把瓶子上的标签刮掉，将瓶中药品的名称重写标签贴上，他说：“我们要对同志负责，以后不允许再出现这种情况。”

小护士挨了批评，脸涨得通红，眼泪都要流出来了。白求恩尽管很生气，但他仍控制着自己的情绪说：“请你原谅我脾气不好，可是，做医务工作不认真，不严格要求不行啊！”

事后，白求恩向政委提出，要加强教育，提高工作人员的责任心，这样才能把工作做好。

白求恩虽是个外国人，但他来到中国，不仅用高超的医术救治伤员，还主动提出，要办一所模范医院，亲自编写教材，亲自制作医疗器械，亲自为八路军医生上课，为八路军培训了大批的医务人员。这些都体现了他对工作的极端负责任。

人只有敢于负责，才能赢得别人的信任和尊重，才能化被动为主动更好工作，也才能更好地掌握自己的命运，拓展自己的事业和前途。

对工作负责的人在工作上是兢兢业业的，在遇到困难时会竭尽全力去解决问题，在工作发生失误时会主动承担责任，责任让他们获得长足的发展。

在一家皮毛销售公司，老板吩咐三个部门负责人去做同一件事：去供货商那里调查一下皮毛的数量、价格和品质。

第一个部门负责人5分钟后就回来了，原来他并没有亲自去调查，而只是向下属打听了一下供货商的情况就回来做汇报了。

30分钟后，第二个部门负责人回来汇报。他亲自到供货商那里了解了皮毛的数量、价格和品质。

第三个部门负责人180分钟后才回来汇报，原来他不但亲自到供货商那里了解了皮毛的数量、价格和品质，而且根据公司的采购需求，将供货商那里最有价值的商品做了详细记录，并且和供货商的销售经理取得了联系，还在返回途中，去了其他两家供货商那里了解皮毛的市场信息，然后将三家供货商的情况做了详细的比较，制订出了最佳购买方案。

一年后，第三个部门负责人被提拔为公司销售副经理。

这个案例中第一个部门负责人对交待的工作敷衍了事、草率应付；第二个部门负责人对交待的工作是在被动听命、被动执行；而第三个部门负责人对交待的工作则是尽职尽责、主动工作的人，他是所有老板最愿意聘请的员工。

一滴水可以折射出整个太阳的光辉，一件小事可以看出一个人的责任意识。

员工是企业里面的一颗小小螺丝钉，看似微小，一旦出现问题，全局都会受到影响。所以，“责任面前无小事，关注细节更重要”。员工要把责任心作为一种鞭策、一种激励、一种监督自己的力量，加强自我责任意识，敢于担责，用责任坚守着自己工作的防线，竭尽全力，尽职尽责。

“现代管理学之父”彼得·德鲁克说：“一个人有了责任心，就会有激情，就会肯奉献，就会有成就一切事业的可能。”

责任心体现于细节之中

老子曾说：“天下难事，必做于易；天下大事，必做于细。”世上什么事都怕“认真”二字，而做到认真必须有责任心，所以只要有责任心，严格做事，不忽视细节，工作才能做到位，工作才能做到最好。

20世纪世界上最伟大的建筑师之一密斯·凡·德罗，在被要求用一句话来描述他成功的原因时，他说：“成功在于有责任心，不放过细节。”可见，成功者能够成功，与身担责任，注重细节，不放弃哪怕是微小的问题有很大的关系，正所谓“成也责任心，败也责任心”。

有位药剂师需要一个助手，他在报纸上刊登了招聘信息，不久他就收到了许多年轻人的申请。面对这么多希望应聘者，药剂师不知如何选择，最后他想到了一个方法，邀请他们同时到店铺来，进行选拔。

药剂师让应聘者们依次把一小撮盐放进一个细口的小袋中。他在一旁观看这些人是如何完成这个动作的。最后，他选中了一个把这件小事情做得最仔细最利索的人做助手。

药剂师事后说："如果连一件小事都做不好的人，难以想象他具备整体的实践能力，因为大事无一例外地是由无数小事组成的。"

"凡事只要做得差不多就行了，"这是很多员工都存在的想法，而正是这种差的责任意识心理给很多员工带来了意外的问题，甚至是灾难。工作是由无数件小事和小细节串联而成的，看上去每一件小事小细节都不是很重要，但是你确实不知道哪件小事那个小细节会改变整个大局或自己的人生。

人如果没有责任，就不能坚持一贯的标准和质量，就会自然而然地按照自己习惯的方式去做事。而放松标准后，各种各样的问题就会接踵而来，假设再处理不当，会使工作出现更大问题。所以，对工作细节要严格要求，不仅可以提升自身的能力和素质，同时也能保证整体工作保质保量完成。

在日本京都报社门口，取报纸的老人认真地码放着从报社取来的报纸，他将报纸摞得整整齐齐，为了防止报纸被风吹卷，老人还用一本厚书压住。对于没有完全对齐的报纸，老人也不厌其烦地整理着，直到完全对齐，才去取新的报纸。

工作无小事，面对“小事”更要精益求精。工作中总有那么一些人，一心想要成就一番伟大的事业，于是对眼前的工作不以为然。其实，所有的成功都需要先把小事做好。因为在小事上严格要求，就会不放过任何一个问题，就能保证工作中的每个环节都不出错，这是工作成功的基础。

上海地铁一号线是由德国人制造的。刚刚建造好的时候没有发现什么问题，但运行过一段时间之后，人们便发现了这条地铁线的特殊“功能”。

其一，一号线的每个室外出口都设计了三级台阶，要进入地铁口必须踏上三级台阶，再往下进入地铁站，原来这三级台阶避免了在大雨天车站被淹。

其二，一号线的每个地铁出口都设计了一个转弯。起初人们认为这是浪费施工成本，增加出入口的麻烦，后来才明白，这样每月可以节省很多的电费和运营成本。

其三，一号线距离站台边50厘米处都铺了金属装饰，并用黑色大理石镶了边，这样，是让乘客自然产生警觉，不会离站台太近。

其四，一号线设计的站台宽阔，上下车都很方便，在上海这样的大都市，上下班高峰期人很多，倘若设计过窄就会使站台非常拥挤。

其五，一号线的每个站台都设置了站台门，车来时打开，车走时关上，目的是避免乘客掉下站台。

上海地铁一号线在细节处的设计，让人看到德国人做事的严格和细心，以及他们考虑问题的全面性，比如，考虑当地天气、运营成本，等等，然后将想到的这些因素进行系统化规避，施工时严格执行。

在如今激烈的市场竞争下，每个企业都会被推上竞争的风口浪尖上，接受无情的优胜劣汰考验，因此，每一位员工都必须全心工作才可以保证工作的正常运作和企业的发展。员工无论在什么岗位上，都应该注重自己工作中的每个细节，力求做到完美。当然，没有人可以保证自己工作不犯错，但一定不能轻视环节、忽视任何小的错误。

戴尔公司在电脑销售方面居于世界前列，这要归功于他们的员工对工作负责的精神。有一次，一个家庭住址非常偏僻的年轻人通过报纸了解到戴尔公司有送货上门的服务，而且速度比较快，于是便下单购买了一台戴尔电脑。

大约一小时后，门铃响了，这个年轻人打开门，门外的人说自己是戴尔公司上门送货的销售员。这个年轻人想试试戴尔公司的员工是否有像传说中那么好的服务态度，便说："你没看到我和朋友正谈事吗？半个小时之后你再来。"说完把门关上。销售员当即说了句"对不起"，转身走了。

这个年轻人以为这位销售员肯定不会再来，结果半个小时之后，销售员又来了，他说："对不起！刚刚不知道您没空接待。"这个年轻人见到这个情形，感慨地说："都说戴尔公司服务好，没想到真是这样！"

销售员微笑着说："我们公司要求的是每个环节、每个阶段都要一丝不苟地做事，想顾客所想，绝对不能出现任何损害顾客利益的现象。"

戴尔公司这种注重细节的责任心使他们获得了顾客的信任，取得了今天这样骄人的成绩。

人的责任心和能力就像德和才，缺一不可，因为只有德才兼备的员工才能成为企业的最佳员工。戴尔公司的员工做到了德才兼备，推动了戴尔公司的快速发展。

1%的错误会造成100%的错误，这是忽视细节的代价；一毫米的误差可能会产生差之千里的差距，这是不重视细节的结果。所以，能否完美地处理小事、小细节，决定了一个人成功与否。

真正的负责以结果为导向

以结果为导向，是指在具体的工作中，做什么都要先考虑希望实现什么样的结果，为了这个结果考虑资源并对资源进行规划整合，这样的思维方式能够给人指明工作的方向和明确工作真正的意义，即是为了结果而工作，而不是为了工作而工作。

任何事情只有经过了行动才会有结果，因为结果是最终要实现的目标。“结果原理”告诉我们，执行是最基本、最本质的东西，想要结果，首先要有执行的决心、行动的紧迫感、负责的态度。

海尔集团公司的前身——青岛冰箱厂是于1984年在引进德国利勃海尔电冰箱生产技术的基础上成立的。在此之前，冰箱厂是一个亏损147万元的集体小厂，当时人们的结果意识淡薄，没有意识到产品是靠结果生存的！尤其没有意识到没有结果的努力是在做无用功。

1985年4月，张瑞敏接手后意识到结果生存重要性之后，当众砸毁了有严重质量问题的76台冰箱，极大地提高了工人们的质量意识。当然，这样做的结果也导致了员工重视产品质量，海尔冰箱在1988年荣获了国家质量奖；1990年，又获得电冰箱行业唯一的国家质量管理奖；1991年，海尔连续五年被全国消费者评为“最受欢迎的轻工产品电冰箱类”第一名。这时的海尔冰箱厂，无论是在品牌的知名度，还是在产品质量、服务质量上，都达到了一个空前的高度。

1991年12月，海尔集团成立。此后海尔集团通过技术开发、精细化管理、资本运营、兼并控股及国际化接轨，使集团公司迅速成长为1996年在全国500强中名列第30位的大型企业集团。

从1992年到1996年5年间，海尔集团销售收入从8亿元升至61.6亿元，1997年1～8月销售收入达66亿元。目前海尔集团产品成为名副其实的中国家电第一名牌。

所以，生存结果创造出了海尔品牌，生存结果创造出了海尔集团，而创品牌保品牌进一步又促进了好结果，进一步促进了集团的发展壮大。

人行动并不一定能达到预期结果，但不行动一定不会有预期结果。所以，无论你如何思考，无论你思考了什么，也不论你思考的水平有多高，都不可能通过思考获得结果，而执行能力的高低也是从行动中获得，不可能从思考中获得，敢想只是成功了一半，另一半一定是去做！

我国电信行业的巨头华为公司也是立足于“结果”的杰出企业，同时，它还一直被誉为“狼性文化”的代表，这家企业员工高效的行动力、以结果为导向的理念让同行叹为观止。

狼能够在比自己凶猛强壮的动物面前获得最终的胜利，原因只有一个：主动出击，以结果为导向。所以，即使是再强大的动物，恐怕也很难招架得了一群早已将生死置之度外的狼群的攻击。

华为非常崇尚“狼性”，认为狼性是企业学习的榜样。华为总裁任正非说："发展中的企业犹如一只饥饿的野狼。野狼有最显著的三大特性，一是敏锐的嗅觉，二是不屈不挠、奋不顾身、永不疲倦的进攻精神，三是群体奋斗的意识。同样，一个企业要想壮大发展，也必须具备野狼的这三个特性。"

作为最重要的团队精神之一，华为的"狼性文化"可以用这样的几个词语来概括：行动、创新、结果。用狼性文化来解释，创新代表敏锐的嗅觉，行动代表进攻精神，而结果就代表群体奋斗精神。所以说，华为团队精神的核心就是持续不断地行动，持续不断地创新，持续不断地要结果。

一名华为人这样形容华为的销售策略："坐着不动永远也赚不到钱，所以要行动，采取更多的行动。华为的结果理念让我们相信，为了市场销售的增长，大家所做的一切努力都是值得的。"这名华为人所说从侧面反映了一个事实：所有的企业最看重的是结果，有了结果，员工才可以在企业中生存，企业才可以在市场中生存。

尽管外界对华为企业文化存有很多质疑，但是，它无疑向我们展示了结果对于个人、对于企业生存的重要性。因为，结果是竞争的核心，是生存的根本。

重视结果不仅是一种思维方式，更是一种难能可贵的负责精神和品质。重视结果就意味着会有一种不达目的誓不罢休的决心和信念，以及为了结果持之以恒、坚韧不拔的意志。历史上，很多伟人之所以能够得到他们最后想要的结果，便正是这种思维方式和精神品质在起作用。

有一位勤劳的农夫在一块无人播种的荒地上辛苦劳作。村里的人看到他在这块堆满了砖头、瓦块和锈铣、地下生满树根的贫瘠土地劳作，都嘲笑他说："喂，老头，你是在挖金子吗！"

农夫一声不吭，埋头苦干，整整一年清除了砖头、瓦块和锈铁，铲除了地下盘绕的树根，然后开始整理土地，给土地施肥。

一晃几年过去了，这块地有了收获，农夫满怀喜悦地在田里采摘自己的劳动果实。此时，一位赶着牛车的年轻人路过，对农夫喊道："喂，大爷，你哪辈子积了大德，上天恩赐了你这么一块肥沃的土地。"

农夫擦了一下脸上的汗珠，大声回答道："年轻人，上天恩赐我这块宝地时，人家都在骂我是个老傻瓜。"

许多人只看到别人的成功，却不明白做一切事都必须老老实实地努力才能有结果。正是对最后“结果”的执着追求，上面故事中的那位勤劳农夫才获得了成功。

过程和结果本来不是冲突的，重视结果虽是一种思维方式，但它并不排斥执行过程，相反，人在重视结果这种思维方式的指导下能够产生更强的奋斗动力，拥有更坚强的意志和信念。

欧洲文艺复兴时期著名画家达·芬奇，从小爱好绘画。父亲送他到当时意大利的名城佛罗伦萨，拜名画家佛罗基奥为师。老师要他从画鸡蛋入手，他画了一个又一个，足足画了十多天，最后他画烦了，开始问老师还能画些别的什么。

老师却说：“不要以为画蛋容易，要知道，1000个蛋中从来没有两个是完全相同的；即使是同一个蛋，只要变换一下角度去看形状也就不同了，甚至，蛋的椭圆形轮廓都会有差异。所以，要在画纸上把每个蛋都完美地表现出来，非得下番苦功不可。”从此，达·芬奇用心画蛋，画了很多年，即使学习其他素描，仍不忘画蛋，经过长时期勤奋艰苦的艺术实践，达·芬奇终于创作出许多不朽的名画。

重视结果，不是简单地否定过程的重要性，而是要进一步强调过程的重要性。或许人在没有得到自己想要的结果时，可以用“过程也很重要”这样的话语来对自己说，但是我们要清楚，结果是重要的，要想得到好结果，过程中必须努力。

有人说结果是可以判定一个人的行为价值，这话有一定道理。纵观那些名留青史的伟人，或者让我们仰视的成功人士，他们的经历，都说明了一点：结果意识是他们奋斗和努力的原动力。

菲贝利说：我们生活在结果中，而不是生活在思考里。采用结果导向，实际上就是采用逆向思维，找到做事方法和思路，制定相应的执行措施。所以它是一种卓有成效的工作方法。

对结果负责的态度是一种对工作负责的态度，因为不管过程多么曲折，最终都是以实现既定结果为评价标准的，以实现对结果的预期和成效为最大标准、最根本标准。

责任第一，不找任何借口

成功人士在回忆他们自己的奋斗历程时候，都有这样一种感触：对于工作，必须抱着不找借口的心态去努力，即使遇到困难也不能找任何借口拖延、放弃，必须让自己拥有必胜的气魄和信心，这样的心态才会使自己一步步接近成功。

不找任何借口是成功者的可贵品质，由于这种决心和必胜信念的支持，使得他们在遇到任何困难和挫折的时候，都能一如既往地坚持工作，并且始终保持乐观积极的心态。

三星集团总裁李健熙曾经向他的员工说过这样一句话："除了发展壮大，一切都可改变。"当年他带领三星集团改革，不找任何借口体现出立志改革创新的决心。

李健熙1993年开始对三星集团进行改革，提出了“彻底改革”的口号。这项改革不仅仅涉及旧有规划，而且涉及现有方方面面，而且拿出了时间表。

三星集团首先从工作时间开始改革，把以前的“朝九晚六”制度变成现在的“朝七晚四”，调整几十万员工的上班时间，可想而知，如此大规模的变革会遇到多少困难和阻碍。但是李健熙不找任何借口，他认为改革停留在“想”的层次上，那么，改革将永远只是一个空口号。

坚定的改革给三星带来了巨大的效益，即使遇到1997年金融危机，李健熙仍没有停止改革。现在的三星已经位列全球500强企业的前列，不找任何借口的改革助推了三星的“再生”。

平庸者、失败者往往喜欢为自己的放弃、失败找各种各样的理由和借口，但找借口只是一种推卸责任的行为。像“这项工作太困难了”，“我不是故意的”，“我太忙了，忘了还有这样一件事”，“老板规定的完成期限太紧”，“本来不会是这样的，都怪……”这些都是人们经常使用的借口。

人一旦把“借口”当成了做事的外衣，也就失去了战斗力，降低了做事的效率。日本的零售业巨头大荣公司中，曾发生过这样一件事：

两个优秀的年轻人一起进入了大荣公司，不久就被同时派到一家大型连锁店做一线销售员。三个月后，这家公司在清核账目的时候，发现所缴纳的营业税比以前莫名地多了好多。通过仔细复核后发现，原来是两个年轻人负责的店面将营业额多加了一个零。

于是经理把他们叫进了办公室。当问到他们具体的情况时，两人刚开始沉默了一会儿，随后分别开口了。一个解释说“因为自己刚开始上岗，有些紧张，再加上对公司的财务制度还不是很熟，所以犯了错误”；而另一个年轻人却没多说什么，他只是对经理说：“这的确是我的过失，我愿意不拿两个月的奖金，同时我保证以后不会犯同样的错误。”

走出经理室，开始说话的那个员工对后者说：“你也太傻了吧，两个月的奖金，那岂不是白干了？咱们是新手，这种事情随便找个借口就推脱过去了。”但后者只是笑了笑，什么都没说。从这以后，公司里有过好几次培训学习的机会，每次都是那个勇于承担责任的年轻人获得机会，另一个年轻人坐不住了，他跑去问经理为什么这么不公平。经理没有对他做过多的解释，只是对他说："一个事后不愿承担责任的人，是不值得团队信任与培养的。"

这就是在同一个公司中的两个年轻人因为对待问题的态度不同而产生的不同的结果。借口是能够给人带来一时的慰藉和轻松，但也能使成功的大门永远向你紧闭，让你一生陷于平庸之中。这样的例子，在工作中比比皆是。

甲、乙、丙供职于同一家发展不错的公司，后来公司由于经营出了一些问题，产品销出去后，总是无法及时收回货款。特别是公司有一位大客户，半年前就买了公司价值10万元的产品，却总是以各种理由为借口，迟迟不肯支付货款。于是公司决定派甲业务员去讨账。

那位大客户没有给甲业务员好脸色，他说产品在他们这个地方销得一般，让甲过一段时间再来。于是甲只好返回了公司。

不久，公司又派了乙业务员去要账。乙找到那位大客户，大客户的态度依然很不好，他说这段时间资金周转很困难，让乙体谅他的难处，他还找借口说等他的资金到位了一定还钱。乙业务员也无功而返。

公司又派了丙业务员去讨账。丙刚跟那位客户见面，就被大客户教训了一顿，说公司三番两次派人来逼账，摆明了就是不相信他，这样的话以后就没法合作了。但丙没有被客户的强硬态度吓退，他见招拆招，想尽了办法与那名大客户商量。那名大客户被丙说服，同意给钱，开了一张10万元的现金支票给丙。

丙业务员很开心地拿着支票到银行取钱，结果却被告知账上只有99920元。很明显，对方给的是一张无法兑现的支票。第二天就是放假的日子了，如果不能及时拿到钱，不知又要拖延多久。遇到这种情况，一般人告诉公司就行了。但是丙业务员没有这样做，他自己拿出100元钱，把钱存到客户公司的账户里去。这样一来，账户就有10万元钱了。丙业务员顺利地完成了任务，日后他也受到了公司的重用，最后做到了副总经理的位子。

故事中三个业务员的差距就是表现在对待困难的态度上。前两个人都是遇到困难，给自己找退缩的借口，不愿去努力寻找解决的方法，因此他们也就只能被人“说回公司”去。而第三个人同样遇到了困难，他完全可以找个借口回去交差，但是他却并没有这样做，而是积极地开动脑筋想办法，最终克服困难，取得了成功。

遇困难找借口是一种不好的习惯。如果在遇到问题的时候，不是积极地、主动地去想如何加以解决，而是千方百计地寻找借口放弃，工作就会做不下去，更不用说什么高效率了。

借口就像一块挡箭牌，任何事情办砸了，都能找到借口把自己的失败或过失掩盖掉，暂时人为制造一个“安全的角落”；但长期这样下去，借口就会变成一种习惯，就会成为失败的温床，人就会疏于努力，不会再去想方设法争取成功了。最终，这样的人其人生也只会归于平庸。

2000年，全球汽车市场一片萧条，日产尼桑公司也因此陷入了困境，公司高层聘请了法国有“营救大师”之称的卡洛斯·戈恩来到公司，期盼他能够使公司“起死回生”。

戈恩针对公司的现状，宣布了一个惊人的计划——“180”计划。他说，这三个数字分别代表了公司将实现的三个目标：截至2004年，日产尼桑的全球销售量会增加100万台；其运营利润率会达到8%；汽车事业净债务为0。戈恩坚定地告诉所有人：“我要实现这三个目标，如果其中有一点没有做到，我就走人。这是我对日产尼桑公司的承诺！”

后来日产尼桑公司在他的领导下，不仅扭亏为盈，而且一天比一天欣欣向荣，令业界大为震惊。许多人纷纷请教这位大师成功的秘诀。

戈恩回答说："人们都喜欢结果，因为它简单，但谁都能明白，结果的实现是在没有任何借口基础上的。"

"没有任何借口"首先是一种自我负责的精神，只有对自我负责的人才能对工作、对家庭、对社会负责。杰伊·瑞芬博瑞把"没有任何借口"理念细化为自我责任、目标、服从、正直、宽容、自尊等品质，并且认为这每一种品质都是迈向成功和幸福的一级阶梯。所以成功的领导者、负责人以及合格的员工一定要具备这种不找借口的决心和信念，让不找任何借口成为自己做事做人的最高准则，因为它倡导了一种踏实敬业、不懈进取的人生信念；它强调了人无论遇到什么样的境况，无论遭受到什么样的压力与困难，都应全力以赴完成任务，而不是制造借口推卸责任。

"借口来了，责任心就会溜走了。"找借口，事实上就是对所做事情的一种拖延和放弃；"找借口"就是严重地扼杀自己的能力和潜力，而"不找任何借口"，是"主动工作、完美执行"的体现，是全力以赴以责任心去做事情的一种精神。

有责任意识才会得到更多机会

有人说："有机会不一定能成功，但没机会肯定成功机率小。"社会对每个人都是公平的，每个人都会有机会，而有责任意识会得到更多机会。

俗话说：困难像弹簧，你强它就弱，你弱它就强。所以，遇事有责任，勇敢面对，就会世上无难事。人的事业成功是由责任心和克服困难的毅力组合而成的。工作中，可怕的不是不能完成任务，而是遇困难逃避、轻易放弃的态度。而逃避、放弃意味着失去机会，意味着对工作不负责任。

在美国，一家制鞋厂想要拓宽市场，于是派了一名推销员到非洲某国家去推销鞋子。

推销员下飞机后，发现当地所有人都光着脚走路，他失望地想道：“在这个炎热的地方，人们根本不穿鞋，推销鞋怎么可能成功呢？”于是，他第二天买机票，沮丧地回了公司。

不久，公司又派了另一位推销员来非洲，当这位推销员看到非洲人都光着脚走路时，非常开心，他心想：“这些人都不穿鞋子，说明鞋子市场一定很大。”于是，这位推销员向公司申请常驻非洲，并且开动脑筋想了一些办法，引导当地人改变生活习惯，购买鞋，最终他开拓出了一个新的市场。

第二个推销员拥有积极的努力心态，负责精神，他遇困难想办法达成自己的目的，最终靠机会获得了成功。而第一个推销员遇到困难后产生了退缩、放弃的态度，并且放弃了机会，也就放弃了一片光明的前景。

三国时期，吴国有一位将军叫吕蒙。他从小家贫，除了苦练武功以外，没有读过多少书。但他靠着勇猛善战做到了军中高位，由于他一直过着军旅生活，没能认真地读一点书。后来吴王孙权要他认真读书，吕蒙以“军中多务”推辞。孙权说：“你说你事情多，难道比我还多吗？我现在经常读史书、兵书，觉得收益很大。”吕蒙听后，开始发愤读书，孜孜不倦。一次都督鲁肃有事找吕蒙，开始时对吕蒙还有轻视之意，经过交谈，发现吕蒙有的方面比自己知道得还多，他高兴地拍着吕蒙说：“我以为你只有武略，想不到你现在这样博学多知，已不是以前的吴下阿蒙了。”吕蒙说：“士别三日，自当刮目相看嘛。”

古人云：一分耕耘，一分收获。机会都是靠自己争取来的，人贵在有恒心，很多人对于工作，能拖则拖，结果不仅效率低下，自己也没有什么大发展；有些人害怕困难，夸大任务的难度，对任务的完成看不到希望；还有些人低估自己的实力，自卑心、受挫心理严重。而另有一些人对工作有完美主义倾向，目标定的高，最后达不到预期目标，也会产生受挫心理。这都是信心不足，责任意识不强，导致遇到困难时退缩、逃避或放弃，让成功的机会白白溜走。

有个电视栏目的规则是选手通过答题获得奖品。在答题正确的情况下积分增加；答题错误的情况下，积分就会清零。有个选手获得了很高的积分，只剩下最后一关的三道题了。

主持人问他是选择到此结束还是继续答题，因为后面题目一道比一道难，如果在最后一关答错，前面的努力就白费了。

很多选手走到这步，都选择了放弃。这个选手想了想，选择了继续答题。然而，这个选手在答最后一题时也答错了。

主持人问这名选手，对于刚刚的选择是否后悔。

这名选手说："不后悔。刚刚选择答题对于我而言是一个获得最后成功的机会，如果我放弃，就是完全没有希望。虽然现在我答错了，但是我已经获得了一次机会。"

是啊，所有的成功机会都是努力成就的，你是选择放弃还是用百分之五十的成功概率去拼搏一把？这是一个人对生活对事业的态度。一个人如果没有为胜利努力争取的责任心，就不会有成功或达成目标的机会。

人在面对无法逃避的难题时，一定不要心存畏惧，而要千方百计地争取机会，尽量不要轻言放弃或退缩；因为放弃或退缩，只会让你失去更多成功的机会。

有一个对自己没有信心的男人，总是低估自己的能力。他常常说："要做的事情好像不会顺利"，"这事别人也许可以做得到，我做不到"，"我做不好这个工作"等。在业绩优秀的同事获得公司奖励时，他也会表现出典型的消极心态："哎，这辈子我是不会得奖的。"有人对他说："努力一下吧，”他却说：“努力也没用，因为我没有机会成功。”

有一天，听惯了他悲观论调的妻子，认真地反驳他道：“每天听你发牢骚，我已经厌倦了。其实我认为，你是个有优秀潜质的人，但每次都自己欺骗自己不行。你为什么不能像个男子汉那样试试去做呢？不做你怎么知道你有没有成功的机会呢？”

妻子的话打动了丈夫的心。他开始不再说消极的话，他开始做事认真，遇困难想办法。慢慢地，他凡事运用积极的思维方式思考，做起事来积极努力。经过一段时间不懈的坚持，他变成了一个乐观并且有责任心的人，小成功、小成就开始不断出现。

在我们的生活之中，不乏上面案例中的人。他们常常因为没有自信，在遇到问题时选择轻易放弃或退缩。还有些人，好不容易鼓起勇气做些尝试，一遇困难，就听任不良情绪控制自己，进而失去了信心。这些人永远都会觉得自己不如别人，自己没有机会成功，于是把时间、精力浪费在苦恼和哀伤中。

事实上，“做不好，办不到”的潜台词是“不愿意去努力拼搏”，不愿负起责任来，这些人在面对困难时、面对问题时，轻易自动举起了“白旗”，缴了械。人一事无成的原因往往不是没有机会，而是对自己没有责任心。

但凡成功者，都对事业拥有一种强烈的责任感，他们不听凭脆弱的意志和消极的情绪主宰自己，他们敢于承担责任。职场赢家永远都是百折不挠的人，无论在多么困难的形势下，都会不懈地努力，朝着既定目标前行。

古希腊有个叫德斯梯尼的演说家，因为儿时患有口吃病，结果常常被人耻笑，但他并没有屈服于这个先天的弱点，而是坚持每天跑到海边或爬上高山，口含小石子，练习高声演讲，经过他刻苦勤奋的练习，他终于成为著名演说家。

东晋大书法家王羲之自幼苦练书法。每次写完字，都到自家门前的池塘里洗毛笔，时间长了，一池清水变成了一池墨水。后来，人们就把这个池塘称为“墨池”。王羲之通过勤学苦练，终于成为著名的书法家，被人们称为“书圣”。

逃避、放弃不是解决问题的方法，人要有责任心，才可以发现机会，有所成就。逃避或放弃行为本是人的本能，但总逃避总放弃会成为不自信的习惯，所以，人要学会面对问题，保持困难面前勇敢的心态，在困难面前找方法，因为困难会磨砺人，锻炼人，使人变得善动脑、肯钻研。反之，如果总是选择逃避，选择放弃，怕困难，纵然逃到天涯海角，也会被牢笼藩篱束缚。

天空虽有乌云，但乌云的上面，永远会有太阳在照耀。人只要有责任意识，就会发现许多机会，就一定能成功。

要成功不惧失败

成功与失败有着奇妙的关系，它们是一对相反相存的矛盾体。比如，你可能有责任心做工作，但工作也可能会失败，可是没有责任心去工作，工作一定不会做成功。

认真总结失败的教训，失败可以转化为成功。同样，成功了，骄傲了，成功又会转化为失败。成功与失败都是一种表现方式，是一种对结果的评价，当然，成功是人一生中孜孜以求的东西，成功时也是人一生中最高兴的时候；但失败也是人生中不可缺少的一种过程。虽然失败是痛苦的，但是失败可以给人带来宝贵的经验，锻炼出钢铁般的意志，最终达到成功的彼岸。

人要正视成功与失败，尤其是失败，因为失败使人消沉，使人痛苦，使人迷茫。但失败不应是最可怕的，最可怕的是，遇到失败就逃跑，就放弃，那就没有成功的机会。人要抱着积极的态度面对失败，总结失败所带来的经验和教训，这样才会成功。

苏联著名作家，尼古拉·阿耶克塞耶维奇·奥斯特洛夫斯基一生经历坎坷。他出生在乌克兰维里亚村一个贫困的农民家庭，11岁便开始当童工，1919年加入共青团，随即参军作战。在长期艰苦的斗争中，他的身体健康受到严重损害。到1927年，其身体健康情况更是急剧恶化。

1927年底，奥斯特洛夫斯基在与病魔做斗争的同时，创作了一篇关于科托夫骑兵旅成长壮大以及英勇征战的中篇小说。两个月后，小说写完了，他把小说封好，让妻子寄给敖德萨科托夫骑兵旅的战友们，征求他们的意见，战友们热情地评价了这部小说。可万万没想到，这份唯一的手稿在寄给另一些朋友们阅读时被邮局弄丢了。但这一残酷的打击并没有挫伤奥斯特洛夫斯基的坚强意志，反而鞭策了他更加顽强地同逆境做斗争。

1929年，奥斯特洛夫斯基全身瘫痪，双目失明。1930年，他用自己的战斗经历作为素材，以顽强的意志开始创作长篇小说《钢铁是怎样炼成的》。小说获得了巨大的成功，受到读者真诚而热烈的称赞，奥斯特洛夫斯基也因此成为了一代文豪。

奥斯特洛夫斯基之所以能取得如此大的成就，正是凭借着对梦想、对自己事业的坚定决心和顽强意志。世界上没有一样东西可以取代人的毅力和信心，在毅力和信心面前，一切困难包括失败都是“纸老虎”。

现今，孩子们那有一种叫做“不倒翁”的玩具，“不倒翁”的重心在下面，所以无论人怎么推它、捅它，只要一松手，它立刻又会直立起来，永远都不会趴下。人生也应是这样，只有不断地经受磨难，人才能变得更坚强。人都会遭遇失败，失败的原因有很多，韩非子曾说：“不会被一座山压倒的人，却可能被一块石头绊倒。”失败本是令人很痛苦的事情，甚至有些失败会让人的人生受到重创。然而，无论何人，一生顺利且从未尝过失败滋味，估计是不存在的。人只要做事，就意味着要准备接受挑战、接受失败。有句话说得好：“要成功，就要先拥抱失败。”失败是成功的阶梯，所有的成功都是在经历了无数的失败后累积而成的。其实，失败只是成功路上的一个个障碍而已，跨过去了你会离成功更近，跨不过去，就意味着你是真正的失败者。人经历了失败，就会快速地成长。

成功与失败具有相对性和转换性，一个人不可能在任何时候、任何场合都成功，即使是在一个团体中也不可能所有的人都能成功。人最难跨越的失败是对自己的不自信，所以，相信自己能解决困难，相信自己能走出失败，就没有不能解决的难题。

“成功”和“失败”就像一对孪生姐妹，自从人类诞生的那一天起，他们就携手来到了世上，“成功”与“失败”的出现可以说是历史发展的必然产物，而历史在“成功”与“失败”间得以前行。

1984年的美国洛杉矶奥运会，开得非常成功，原来是美国政府不但没有掏一分一文，反而赢利2亿多美元，创下了一个奇迹。而创造这一奇迹的人，名叫尤伯罗斯，曾是一个商人。而在他之前，没有一届奥运会是挣钱的，很多国家为举办奥运会负债累累。

开始时，尤伯罗斯并不愿意接受这项任务，但主办方再三相邀，他最终答应了。他将整个奥运活动与企业与社会的关系作了通盘的考虑，终于想出了通过奥运会赚钱的“点子”。

尤伯罗斯的团队将奥运会的直播权做了拍卖方案，最开始预定的最高价是1.52亿美元，这在当时已是个天文数字了，但立即遭到了尤伯罗斯的否定，他说：“这个数字太保守了！”因为他敏锐地觉察出人们对奥运会的兴趣正在不断高涨，奥运会已经成为全球关注的热点。电视台利用节目转播，会赚不少钱，而采用直播权拍卖的方式，势必引起各大电视台之间的竞争，价钱会不断抬高。果然不出所料，单电视转播权一项就为尤伯罗斯筹集了2亿多美元资金。

还有，以往的奥运会万里长跑接力，都是由著名的人士担纲，但尤伯罗斯改变了这种做法，他认为谁都可以跑，只要身体够棒，肯出钱就可以，他规定每1公里按3000美元收费。当时很多人认为这真是一个荒谬的想法，会有人花钱买罪受吗？可没想到，消息一公布，报名的人竟然蜂拥而至，仅仅15万公里的路，最后收了4500万美元！

这次奥运会给尤伯罗斯带来了空前的声誉。其实，最初的时候，奥运会是摆在尤伯罗斯面前的一道难题。但面对这道难题，他没有畏惧，也没有退缩，而是想办法，找机会，找方法，解决存在的难题，最后他成功地跨过了所有难关，既让奥运会取得了空前的成功，也让自己美名远播。

其实，对于难题或失败的恐惧来自于人自己，人只要不怕问题或失败，有勇气，同时充分地运用自己的思考能力和智慧，就没有不能解决的问题，就没有摆脱不了的失败。任何问题，只要肯动脑筋，就可以找到解决的方法，而对待失败，只要振作，就可从头再来。

失败和成功有时只有一步之遥，能顶住失败的逆流，并逆流而上就可能获得成功。20世纪80年代，美国有一位盗车高手，他对各种车锁及防盗设备的漏洞和缺点了如指掌。他作案无数，后来，在一次“行动”中，被警察当场抓获，被判处了有期徒刑。

在狱中，他闭门反省，由于表现良好，被提前释放。出狱后，他根据自己防盗设备的知识，办了一家汽车防盗用品公司，生产出来的产品深受大众欢迎。

在别人眼里，了解防盗设备的缺陷曾是他的缺点，但他后来把这一缺点利用起来变成了优点，这正是因为他曾经经历了失败。

第二章

责任在肩，落实到底不含糊

想到做到才能实现目标

人的想法终究只是存在于脑海里，如果没有行动就只能是纸面文章，空想而已。所以，想到做到才能实现目标。

在法国南部一个很小的城市里，住着这样一群人。他们从来没有离开过，一直都认为这个小城是最美丽最富饶的地方。后来，有一位外地的客商路过小城，客商告诉他们：小城只不过是一个小得极不起眼的地方而已，而外面的世界，有很多地方比这个小城更美丽、更富饶。

听了客商的话，小城中的一些人决定出去走一走，开开眼界。有了想法之后，这群人决定在出发之前做一份周全的计划。根据客商的描述，他们制订了一分内容详尽的“看世界计划”。后来客商离开了小城，留给他们几本关于旅行的书。根据这些书的内容，他们认为最初制订的那份计划太不周全了，于是又加入了一些补充条款。

经过几次修改和完善，他们终于有了一份完整的出行计划，可就在他们要出发时发现，出行计划上罗列的许多东西他们都没有，比如地图，由于从来没有走出过小城，所以他们只能等外面再来一些商贩，从他们手中购买地图。终于有商贩来了，他们从商贩手中买了好几份地图，不过商贩告诉他们，如果想到更远的地方旅行最好用地球仪，于是他们又等待卖地球仪的商贩进入小城。

就这样，他们等到了地球仪。在买了地球仪之后，他们发现还需要火车时刻表，在有了火车时刻表之后他们又发现还需要指南针。在这些东西都准备好了之后，他们又觉得还需要很多行李箱，行李箱准备好了之后又发现没有锁出门不安全，又找铁匠打十分保险的锁……

等把一切都准备好之后，他们才发现自己早已经年老力衰，根本没有足够的力气去实施当年制订的计划了。况且他们当初的那份雄心壮志早已被时间消耗殆尽了，最后不得不待在小城中。

制定了计划却不付诸实践，永远不可能成功。上面故事中小城想看世界的人，虽然把计划制定得“天衣无缝”，极尽“完美”，但是由于他们始终不敢将计划付诸行动，计划等于白定。这种不行动的犹豫态度，最终使得他们“完美计划”付诸东流，没有任何的实际效果。

汽车大王亨利·福特告诉我们一个极为简单的成功法则。他说：“认为自己能做到，或是不能做到，其实只在一个行动。”有了想法，就要去付诸行动和实践。因为不行动，再美妙和再实际的想法也只能是想法，永远不可能成为现实。

下面这个故事说的也是这个道理：

20世纪上半叶，飞机还处于螺旋桨式的小飞机时代，这类机型不仅无法长时间飞行，而且运载量低，故障率高。美国环球公司为了发展航空科技，特别举办了一个有关航空的征文活动，征文题目是“我心目中的未来航空”。

有位参赛者名叫海伦，非常热爱飞行，对航空更是充满憧憬，她认真地写下自己的梦想：“……到了1985年，喷射飞机将能载运300位热爱天空的乘客，而且最高时速可达700英里，总航程可达5000英里。飞机能自由降落，也能在大楼平台上紧急降落，而我们更可以乘坐飞机，很快地到达世界的各个角落游玩，像美丽的夏威夷或埃及的金字塔。这样旅程缩短了，生命时间却加长了！”

充满想象的海伦，还对机场的设施与导航设备等都做了预测。但是，她大胆的想法却不被当时人们看好，甚至连当时的专家学者也认为她预测的就是幻想。于是，海伦的“征文”被弃置一旁，没有人在意这份“充满创意的梦想”。

40年后，环球公司创意部门在整理档案时，整理出这些40年前的作品，一共有13000份。大家在一一阅读时发现，许多作品明显持保守思想，以及缺乏创意，但当他们看见海伦的征文时眼前为之一亮。因为，当年海伦所“梦想”的，如今都已经实现了，而且几乎一模一样，大家为之惊奇不已，也对海伦由衷敬佩。

经过一番寻找，他们终于找到了海伦，而海伦此时已经80多岁。公司带去了5万美元，作为迟来的奖金送给海伦。海伦通过她对飞行的了解与热爱，构建出对未来航空的憧憬。

人要勇于想象，要敢于打破旧有思想，但再奇妙的想法也需要勇敢地付诸实践，世界航空不断发展不断进步，让海伦的梦想彻底实现了。所以，世界是在发展中前进，是在勇敢地行动中进步。

老子说过："合抱之木，生于毫末；九层之台，起于累土；千里之行，始于足下。"荀况在《劝学篇》里也说："故不积跬步，无以至千里，不积小流，无以成江海。"敢想的人也要敢干，这样能实现所想。

在一次研讨会上，一位著名的演说家手里高举着一张20美元的钞票，面对在座的众多人，说了这样一句开场白，"谁要这20美元？"参加者一只只手举了起来。他接着说："我打算把这20美元送给你们中的一位，但在这之前，请准许我做一件事。"说着他将钞票揉成一团，然后问："谁还要？"一只只手仍举起来。他又说："那么，假如我这样呢？"他把钞票扔到地上，踏上一只脚，并且用鞋碾它。然后拾起钞票，钞票变得又脏又皱。"现在谁还要？"仍有人举起手来。

演说家说："看，无论我如何对这张钞票，你们仍想要它，因为它并没贬值，它依旧值20美元。所以，人生路上，我们会无数次被自己的决定或碰到的逆境击倒、欺凌甚至碾得粉身碎骨，有时会觉得自己似乎一文不值。但无论发生什么，或将要发生什么，我们都不能丧失自己原有价值，只要敢想，再敢做，生命就会生生不息！奇迹是执着者创造出来的。

成功的第一步总是艰难的，没有人可以一步登天。不要小看迈出的第一步，有第一步才会有后面的第二步、第三步……人的想到是思维能力，做到是行动能力。有些人想到后能做到，有些人则想到做不到。

由此可见，想到和做到有时能同步，有时却不能同步。但迈出第一步需要莫大的勇气和决心，路上更是困难重重。所以，人必须怀有超强的信心，不断扫除行动路上的障碍，才能将自己的计划和想法实现。

方法正确事半功倍

人的思维决定目标，目标决定行动，行动决定结果。但行动的方法也很重要，因为方法正确才能到达目的。所以，做对事的准则就是：找对方向，找对方法，做对事。方法正确会事半功倍，方法不对，会走弯路，会失败甚至会事倍功半，所以，找对方法做对事非常关键，是达到成功的重要方法之一。

从哲学的辩证法来讲，任何事物的矛盾都有主次之分。主要矛盾的主要方面是事物的重点，因此，人们在想事情、看问题时，要把握事物的主要矛盾和关键方面。主要矛盾的主要方面往往在事物中处于核心地位。因此，主要矛盾解决了，事物其他方面的矛盾就会得到相应解决，这也是哲学史中的分清主次、把握重点的原理所在。

人的智慧和精力总是有限的，抓重点、抓关键并不是偷懒，也不是贪图轻松和享受，而是将有限的力量用在最关键的地方，从而收获最好的结果。这也是成功者花同样多的时间却取得远比常人大许多的成功的秘诀所在。

齐国的大将田忌，很喜欢赛马，有一回，他和齐威王进行一场比赛。比赛时，他们上马对上马，中马对中马，下马对下马。由于齐威王每个等级的马都比田忌的马强壮，所以这场比赛田忌失败了。

田忌的好朋友孙膑说：“你同威王再赛一次，我有办法准能让你赢了他。”田忌疑惑地看着孙膑：“你是说另换马吗？”孙膑摇摇头说：“一匹马都不需要更换。”田忌毫无信心地说：“那还不是照样得输！”孙膑胸有成竹地说：“你按照我的安排办事吧。”

齐威王与田忌再度开赛，一声锣响，孙膑以田忌下等马对齐威王的上等马，第一局田忌输了。齐威王站起来说：“想不到赫赫有名的孙膑先生，竟然想出这样拙劣的对策。”孙膑并不理会。接着进行第二局比赛。孙膑以田忌的上等马对齐威王的中等马，获胜了一局。齐威王有点慌乱了。第三局比赛，孙膑拿中等马对齐威王的下等马，又战胜了一局。这下，齐威王目瞪口呆了。后来比赛又进行了两局，结果是三局两胜，田忌赢了齐威王。看，同样的马，因为换了方法，竟得到转败为胜的结果。

工作中，人们只有发现重点，找到突破口，就能有效地解决问题，让努力行动取得事半功倍的效果。而如果不能把握方法，就像在黑夜中摸索，虽然也付出了很多的努力，却往往不能取得意想之中的效果，有时甚至反而让事情变得更加复杂。

赵国有一个人，因为家中老鼠成灾，就买了一只猫。这只猫很会捉老鼠，但也很爱吃鸡。一个月后，这个人家中的老鼠确实没有了，可是鸡也没有了。

他的儿子为这件事发愁，对他的父亲说："咱们还是把猫赶走吧。"父亲说："不能赶走猫。咱家的祸害在于老鼠，不在于没有鸡。老鼠偷吃粮食，咬坏衣服，穿通墙壁，毁坏家具，我们就要挨饿受冻了，这不比没有鸡的害处更大吗？没有鸡，只不过不吃鸡蛋罢了，离挨饿受冻还远着呢！所以不能把猫赶走。”

故事中父与子对猫的不同认识，就涉及到了主要矛盾和次要矛盾的方法论运用。在“养猫”和“赶猫”的选择中，父亲抓住了养猫这个主要矛盾，在分析养猫的利与弊时，抓住了“利”这个矛盾的主要方面，因此他的做法和看法是正确的。儿子由于颠倒了主次矛盾，混淆了事物的性质，因而他的看法是错误的。

这个故事告诉我们，做任何事情都要把握重点和关键，找对方法，这样才能取得好的效果。

工作中，埋头苦干的精神固然重要，但是找对方法和对重点的准确把握更重要。不然，很可能既耗费了精力，又得不到自己想要的结果。

有个伐木工人在一家木材厂找到一份合适的工作，由于薪资优厚，工作环境也相当好，伐木工很珍惜，也决心要认真努力地工作。

第一天，老板交给他一把锋利的斧头，划定一个伐木范围，让他去砍伐。伐木工人非常努力，一整天砍了18棵树，老板对他相当满意，他对伐木工人说：“非常好，你要继续保持这个水准！”

伐木工听见老板如此夸赞，非常开心，第二天他工作得更加卖力。但是，不知道为什么，这天他却只砍了15棵树。

第三天，他为了弥补昨天的缺额，更加努力地砍伐，可是却砍得更少，只砍了10棵树。

伐木工人感到非常惭愧，他跑到老板那儿道歉：“老板，真对不起，我不知道为什么，力气好像越来越小了。”

老板温和地看着他，问他：“你上一次是什么时候磨斧头的？”

伐木工望着老板，诧异地回答说：“磨斧头？我每天都忙着砍树，哪里有时间磨斧头啊！”

老板笑了：“你不磨斧头，斧头不钝吗？”

古人说：“磨刀不误砍柴工。”对于砍柴而言，斧头的锋利程度便是影响砍伐速度和效率的关键性因素。故事中的伐木工人，只知道一味地埋头苦干，却忘记了磨斧头，这是他伐木效率降低的原因，磨斧头其实花费不了太多时间，但却是提高效率的问题根源和关键所在，所以，只要斧头锋利，就不会把大量的时间和精力浪费掉，就会取得良好伐木的效果。

所以，当我们准备采取行动的时候，不妨先想想，所要做的事情的重点和关键在哪里；先找一找好方法，看能否提高行动的效率；在行动中，若发现虽然付出了努力却进展缓慢的时候，不妨停下想一想，是什么原因导致效率的低下或进展出现缓慢。

工作中，有些人很善于抓工作的关键点和方法。因而，任务再重、再棘手的工作，做起来井井有条，就像如何牵走一头强壮的牛，聪明的人会拿一条绳子穿在它的鼻子上，这样连小孩都可以拉它走，这就是牵牛走的正确方法。

现今，“做正确的事”，“正确地做事”，并非轻而易举，都需要找方法，找做事的突破口，并把力量集中在关键点上。

纵览古今，因方法得当而使事情取得很好成效的实例举不胜举，比如南风与北风的故事，南风与北风比本领，看谁先把行人的大衣脱下。北风吹起寒风，行人把衣服越裹越紧；南风缓缓吹暖风，行人最终将大衣脱下。可见，方法得当，事半功倍。

成功要讲究方法，做事情也不能一味蛮干，要开动脑筋，想方法，用最短的时间，收获最大的效果；或借鉴他人经验，举一反三，高效做事。

细节的完美决定竞争高下

闻名世界的惠普公司创始人戴维·帕卡德曾感叹“小事成就大事，完美来自细致”，可见要求员工对细节的重视。现今，任何产品，决定销售量高低的在于产品是否“完美”，而产品的竞争也是“完美”上的竞争。

当初丰田汽车公司为了设计出人性化的汽车，曾经做出这样的事，他们派人以学习英语为名，租住到一户美国家庭里居住。奇怪的是，这位日本人除了学习英语以外，每天都在做笔记。包括主人居家生活的各种小事、细节，吃什么食物、看什么电视节目等，全在记录之列。3个月后，这名日本人离开了。

此后不久，丰田公司就推出了针对美国家庭生活中需求而设计的价廉物美的旅行车，大受欢迎。该车的设计在每一个细节上都考虑了人们的需要，例如，美国男士(特别是年轻人)喜爱喝玻璃瓶装饮料而非纸盒装的饮料，日本设计师就专门在车内设计了能冷藏并能安全放置玻璃瓶的冷柜。后来丰田公司在报上刊登了他们对美国家庭的研究报告，并向那户人家致歉，同时表示感谢。丰田公司正是通过对美国人家庭中小事、细节的了解，向美国市场推新了新车。

5年以后，丰田公司又推出了另一款新轿车——可乐娜。

关于可乐娜的广告宣传片是这样的：一辆可乐娜汽车冲破围栏腾空而起，翻滚几周后稳稳落地，然后继续向前开。马力强劲、坚固耐用、造型新颖，同时价格低廉。可乐娜推向美国后获得了巨大成功。此后10年，丰田汽车公司在美国不断扩展市场份额，1975年时已成为美国最大的汽车进口商。

从丰田汽车进军美国市场的过程中可以看出，追求细节设计完美决定了他们的成功。在当今世界商业竞争中，很多产品在宏观的竞争层面已经很难分出高下的时候，细节的完美把握和改进则是决定成败的关键。成功者的共同特点，就是能做完美的小事情，能够抓住完美的小细节，正如有句名言所说“细微之处见完美，小事之中见成效”，说的就是这个道理。

“完美”二字，写起来容易，说起来容易，就是做起来难。美神维纳斯雕像是断臂的，古往今来，有许许多多的雕刻家想把这雕像断臂复原，却总是觉得复原后没有原来的美观。也许对这座雕像而言，“断臂”正展示了它的独特完美。

某企业与一家美国大公司商谈合作问题，这家企业花了大量人力物力做前期准备工作。在一切准备就绪之后，公司邀请美国公司派代表来企业考察。前来考察的美国公司的老板在这家企业领导的陪同下，参观了生产车间、技术中心等一些场所，对企业的设备、技术水平以及工人操作水平等，都表示了相当程度的认可。

企业领导非常高兴，设宴招待美方老板。宴会选在一家十分豪华的大酒楼，有20多位企业中层领导前来作陪，当美方老板知道这些人只为招待他一人之后，感到很不可思议，当即表示与企业的合作要进一步考虑。

美方老板在回国之后，发来一份传真，拒绝了与这家企业的合作。而这家企业却认为自身的各种条件都能满足美方的要求，对老板的招待也热情周到，却莫名其妙地遭到美方拒绝，感到相当不理解，便发函询问。美方回复说："你们连吃一顿饭都如此浪费，我们要把大笔的资金投入进去，又如何能放心呢？"

这个案例从反面很好地教育了人们，让人们知道：成大事若烹小鲜，做大事必重细节完美。细节是否完美，关乎能否创造正效益。当然，要很好地把握住完美细节也并不是那么容易的事情，这也正是成功者优于常人的品质所在。

细节的完美之所以难把握，一方面是因为它们往往隐藏在不起眼的位置中，让他人很难发现，考验人的各种综合观察能力；另一方面则是由于人们对它们常疏忽和麻痹大意。很多人对完美的忽略甚至出现在事情即将取得成功的时候，就像上面案例中的那家企业，由于忽略了吃饭这样一个关键的细节，导致最终合作功败垂成。

海尔总裁张瑞敏曾说："把每一件简单的事做好就是不简单；把每一件平凡的事做好就是不平凡。"海尔正是在重细节重完美的宗旨指导下，秉承着“严、细、实、恒”的管理风格，使企业独树一帜，跻身世界500强企业之列。

东京一家贸易公司有一位小姐专门负责为客商购买车票。她常给德国一家大公司的商务经理购买来往于东京、大阪之间的火车票。不久，这位经理发现一件趣事，每次去大阪时，他的座位总在右窗边，返回东京时又总在左窗边。这位经理询问订票小姐如此巧合的缘故。小姐笑答道：“车去大阪时，富士山在您右边：返回东京时，富士山已到了您的左边。我想外国人都喜欢富士山的美丽景色，而富士山又时时会变化景色，所以我替您买了不同座位的车票。”

这位订票小姐就是秉承服务的细致完美心理，使这位德国公司经理十分感动，促使他把对这家日本公司的贸易额由400万马克提高到1200万马克。这位德国经理认为，在这样一个微不足道的小事上，这家公司的职员都能够想得这么周到和细致，那么，跟他们做生意还有什么不放心的呢？

细致、完美永远是相对的，世界上不会有绝对的细致、完美，如同与缺陷，是一对对立的矛盾体，但因为存在缺陷，所以人们克服了缺陷，就显现了完美。人追求细致、完美应该是永不停止的，这也是细致、完美的真正魅力。尽管人们对细致、完美有各种各样的标准，但如果人们的内心不细致、完美，外在无论怎样完美也感觉不到真正的完美所在。所以，没有内心世界的完美，就不可能有外在世界的真细致、真完美。

行动是落实计划的关键

有些人很善于制定目标计划，他们将计划设计得完美无缺，力求囊括每一个细节问题。然而，他们疏于行动，导致计划只是一纸空谈，没有任何的现实意义。

行动是落实计划的关键，不行动，不落实彻底，再完美的计划也只是空想。当然，计划需要在行动中不断完善和修正，因此，相比计划而言，行动更加关键。因为，行动是能够获得计划成功的最直接的方法，没有行动的计划永远只是计划。

当然，制定目标详尽的计划是必须的，这是以防行动时迷失方向，走弯路。人的很多机会都是在行动中寻求来的，有些甚至可遇不可求，而且一旦错过了，也就错过了。因此，在制订好目标后，应该勇敢地先迈出第一步，尽管做任何事情都会很艰难，但只要勇敢地行动，积极的行动，所订计划就会有发展，有结果。

杰米一家租住在一间小公寓里，夫妇俩很渴望能拥有自己的新房子，有一个干净而舒适的好环境。但是，买房子并不容易，因为光是首付款就需要相当大的一笔钱。

有一天，杰米算了一笔账，结果发现付房租的钱跟买新房子每月的分期付款差不多，于是他跟太太说："下个礼拜，我们就去买一所自己的房子好不好？"

太太惊讶地回答说："我们哪有能力？说不定连首付款都拿不出来呢！"

但是，杰米已经下定了决心，他说："有很多人跟我们一样想买房子，他们或许也因为缺少首付款而不能如愿以偿。不过，办法是人想出来的，我们先看看房子，然后做个计划，看看能否实施下去。"

很快，吉米夫妇就找到了一处非常合适的新房子，然后他们首先要解决的问题就是筹集首付款，但是杰米夫妇不能向银行贷款，因为那会使他们无法获得其他的抵押借贷。

一天，吉米突然有了一个灵感：为何不直接找承包商谈谈，或者要求他们提供私人贷款呢？吉米找到了一个承包商，刚开始时，对方的态度十分冷淡，杰米一再恳求、坚持，承包商答应借给他1200美元，但是杰米必须要每月偿还100美元，利息则要另外计算。

杰米开始思考每个月要如何凑出100美元。他们夫妻俩算出家中一个月现在省下25美元，可那75美元从哪里来呢？杰米想了几天，他直接找到自己的老板，杰米说："老板，我为了买房子，每个月要多赚75美元才行。我知道，当你认为我值得加薪时，一定会加薪，可是我现在很想多赚一点，公司有些事情在周末做会更好，你可不可以让我在周末加班呢？"老板为他的诚恳和努力所感动，于是找了许多事情让他在周末加班。杰米通过各方面努力终于如愿以偿地买了自己的新房子。

故事中的杰米属于善于定计划并执行计划的人，他在执行计划中不断完善自己的计划，最终达成了自己的目的。所以，别担心自己的计划不够完美，即使计划设计得有些"问题"，在执行中可以逐步完善，因此，制定计划很重要，行动更关键。

有一个人想穿越美洲大沙漠。为此，他整整做了两年精心的准备。当一切都准备妥当后，他信心满满地开始了沙漠之行。

刚开始一切顺利，但进入沙漠腹地后，每到中午，沙漠里温度就达到了45℃以上。一天中午，他支起帐篷，把身上的特制服装脱下，只穿背心和短裤，还觉得热。他打开一瓶香槟，倒进杯子里，正准备喝。谁知天有不测风云，一场强沙尘暴袭击了他……

沙尘暴之后，他与外界的联系中断，救援人员立即出动，通过卫星定位系统，他们很快就找到了埋在沙堆里的那件特制服装，他们还发现，两头骆驼被埋在沙子里，死了，探险者的所有食品和其他用品也都被埋在沙子里。大家认为探险者已经葬身沙海里了。

可是一年后的一天，令人意想不到的事发生了：那位探险者居然活着回来了！人们想不到，在没有任何食物、饮用水、生存工具，恶劣的自然条件下，他是怎么活下来的。但是他对人们说的第一句话就是："我的计划中有遇险如何办这一项。"是的，为了穿越大沙漠，这个人曾进行了两年的精心准备，所以，在意外来临时，他靠的是自己精心准备时如何逃生的计划。

把计划做得详尽和完美确实考验人的各种知识，而行动中出现意外有的是计划中预想到的，有的却属于想不到的，但无论想到想不到，面对出现的问题都不能怕，必须全力以赴解决它。

西哲说：敢于按计划行动的人才是真正的勇敢者，在计划的面前、行动的门口不停地徘徊者是弱者。世界上的变化本是不可预测的，很多事，无论你计划或准备得多么的充分，意外的发生也会是难免的，这种意外的解决只能依靠自己。很多成功的事例都证明了：靠自己的人才是成功的那个人。当然有些计划制订并不完美，行动了也许会遭遇失败，但是不制订计划，不行动一定不会成功。

军队有句话："军之不训，与无军同；训之不严，与不训同。"即军队训练之严，首在落实训练计划之严。对训练计划，一方面要严格按已制订实施，比如课目实施、训练考核等，把内容训到、时间训足、标准训实，切实做到不打折扣、不搞变通；另一方面还要根据训练的实际情况，合理确定具体的训练内容和方法，克服训练的随意性和盲目性，防止训练计划失效。所以，军队中定计划，抓落实，“严”字当头。

事业都是干出来的，不是盼出来的，更不是计划出来的。蓝图计划得再美好，规划设计得再漂亮，若不实干抓落实，也只能是“唯美画饼”，“空中楼阁”。

● 做“快鱼”不做“慢鱼”

战争中讲究兵贵神速，现代企业则讲究生产效率，这都说的是速度制胜。确实，在当今时代，形势瞬息万变，任何事情都处于快速的变化中，没有什么是恒定不变的，所以，速度制胜对于完成工作就显得尤其的重要。

竞争的关键是速度，成功的关键很多也是拼速度。机会稍纵即逝，能够快速地行动，不拖沓、不等待，就能把握住机会，而讲效率、雷厉风行的拼速度，会真正成就成功。

自2000年10月起，每周六的上午，海尔中高级经理人都要进行互动式培训。在一次互动培训课程中，面对70多位中高层经理，张瑞敏提出互动培训的主题是“推进流程再造”，他首先出了一个很像“脑筋急转弯”的问题：“你们说，如何让石头在水上漂起来？”“把石头掏空！”有人说道。张瑞敏摇摇头。“把石头放在木板上！”张瑞敏说：“没有木板！”“做一块假石头！”大家哄堂大笑。张瑞敏说：“石头是真的。”

此时，集团副总裁喻子达说：“让水的速度加快！”张瑞敏斩钉截铁地说：“正确！”接着他说：“《孙子兵法》上有这样一句话，‘激水之疾，至于漂石者，势也。’水的加速度能使沉甸甸的石头漂起来。同样，在今天信息化时代，企业速度决定着企业的成败，海尔流程再造就是要以更快的速度响应市场，满足全球用户的需求！”

作为一家国际知名企业，海尔集团拥有一流的管理能力和水平。上面这则小故事，侧面地反映了海尔管理的又一“真经”。

一块石头，要想不在水中沉底，只能置于湍急的流水中，让石头在高速的水冲刷下漂浮。竞争中，谁拥有了快人一步的速度，谁就能在拼抢中领先一步。马克·扎克伯格，在哈佛学习时，研发出一种软件让校内同学能相互联系，后来应用到商业运作中，便是脸谱网站的雏形。后来，马克·扎克伯格提倡效率制胜，为了让团队不断扩大市场份额，抢占竞争先机，以速度为优势，他制订了许多竞争的法则。中国古人在《孙子兵法》中说“兵贵神速”，商战亦如此。因为世界在不断地发展，时代在高速地革新，假如我们放慢前进的速度，就可能被历史的洪流所吞没。

世界500强企业之一的三星集团同样看重速度在企业中的作用，在他们的管理理念中，就有一个“速度定律”。

众所周知，三星并不是第一个“吃螃蟹”的手机制造商，但它生产的手机品种却是最多的，一年内生产了100多种款式，是诺基亚新品的两倍之多；三星并非MP3闪存和数码照相机的先驱，但现在却成为这一利润可观市场的领军人物；三星也不是手机CDMA技术的鼻祖，但它却率先在亚洲制订了CDMA的商业化标准……

三星深知，先人一手，才能抢占市场的制高点。犹如一旦抓到了鱼，在第一时间内，就要趁着新鲜将其以高价出售给第一流的豪华餐馆；如果不幸难以脱手的话，就只能在第二天以半价卖给二流餐馆了；到了第三天，这样的鱼就只能卖到原来价钱1/4；再往后，就是不值钱的“干鱼片”了。

“速度制胜”的年代，从某种意义上讲，谁在速度上取得优势，谁就有可能赢得竞争的胜利。目前很多企业以速度取胜，不断推陈出新，领先市场一步，确保“人无我有、人有我优”，这样其产品自然永远是市场上新鲜的“生鱼片”。

美国思科公司总裁约翰·伯斯在谈到新经济的规律时说，现代竞争已“不是大鱼吃小鱼，而是快鱼吃慢鱼。”这就是“快鱼法则”。在当今市场经济的激烈竞争中，几乎所有的企业都在用尽全身解数以速度制胜，抢占市场、扩大销量，站稳脚跟。因为此时竞争的成败，不仅仅以“大鱼”“小鱼”论，而要以“快”与“慢”论。当年，加拿大将枫叶旗定为国旗的决议通过的第三天，日本厂商便将赶制了的枫叶小国旗及带有枫叶标志的玩具，投放到加拿大市场，且销售火爆，而作为“近水楼台”的加拿大厂商却没能想到，只能看着他人赚钱，坐失良机。

当然，“快鱼法则”还不只体现在市场竞争中，在员工工作中，在企业管理中，都表现出高度的重要性，即要提高工作效率。比如，做同样一件事，第一个人用一小时做好，第二个人用半小时做好，那后者就是“快鱼”，后者就能在有效工作时间里做更多的事情，他就是优胜者。

从企业整体角度来讲，如果每一个员工，都有一种“快鱼”的紧迫感，摒弃丝毫的懈怠和推托态度与行为，多一些责任，少一些借口，最终都能取得骄人的成绩，企业也就会实现飞速的发展，获得更大的成功。

重效益走改革之路

在人们的传统工作观中，一直都很看重能在工作中吃苦耐劳的“老黄牛”精神。“老黄牛”精神体现在办事勤勤恳恳、不抱怨、不贪图享乐、埋头苦干几方面上，这些工作传统是当今社会需要发扬光大的，但当今时代对企业、管理者、员工工作有了新要求，因此，除了“老黄牛”精神，要发扬现代“工匠精神”，重创新，重发展壮大，重效率和效益。

福特在创办福特汽车公司不久，就向一家厂商订购了大批汽车零件。让人疑惑的是，他在严格要求零件品质的同时，也严格规定了装零件的木箱的尺寸、厚度等。这样的要求，不要说厂商，连福特的员工都不理解。

货到以后，他又特别叮嘱员工要小心开箱，不要损坏箱子木板。之后，他要求员工将这些木板用做办公室的地板！原来，他在进货的时候，就考虑好了要将这些平时扔掉的木板用到办公室地上。这种充分利用资源的智慧值得我们学习啊！

福特被誉为“把美国带到流水线上”的人，他之所以能得到这样的赞誉，是因为在某种程度上，由于他发明了现代流水线作业的方式，从而大大提高了工作效率。这是一种在“老黄牛”精神以上的大规模现代化发展的工作方式。福特不仅推崇“老黄牛”精神，而且敢于创新，注重提高效率、重结果，使得现代企业公司不断有新的成长，他的公司也成为汽车行业的巨头。

注重效益可以说是现代企业生存和发展的生命。在当今的时代背景下，企业要想在竞争中生存和壮大发展，就必须想出能让企业运营更有收益更有发展的方法来，勤勤恳恳，任劳任怨，拼命苦干，是提倡的一种工作方式，而最快实现效益、得到最大化产值，最快带来新成果，则是企业“做大做强”的根本，而这离不开走创新之路。

创新是指把旧的不合理的部分改成新的、把不能适应新发展改成能适应不断发展变化情况的。例如：技术创新、体制创新。创新必然伴随着人们的思想观念和价值取向的改变，而新思想观念和价值取向，既是对创新及其发展要求的反映，又是为创新开拓道路，推动创新向纵深发展。

现今很多企业面临的长期发展问题很多，如发展方向问题、发展目标问题、发展步骤问题、品牌建设问题、信誉建设问题、文化建设问题、人才开发问题、创新问题、学习问题等，这些问题如果得不到有效解决，企业就很难在竞争中前行，就不会基业长青。

任何企业从无到有，从小到大，都会面临着一种基本选择：即是希望基业长青还是希望在竞争中被淘汰？如果希望基业长青就要解决许多跟不上形势的问题，就需要不断改革创新，使自己发展壮大。

我国IT业的龙头老大联想集团的发展历程也经历了一个以效益求生存的发展过程。

联想集团创立之时，大家都有拼命的干劲和热情，但是，光有干劲和热情，并不能保证财富的增加与事业的成功，而且与他们竞争者很多，他们要想成为领军者，必须再想它法。

联想公司刚刚成立时只有几十万元，还因为轻信别人被骗走了一大半。这样一来，公司元气大伤，后来在柳传志的带领下，利用余下的一点点资金，走创新路线，以效益求生存，以结果为导向，以执行为宗旨，使企业走上了发展之路。

联想成立至今已有20年。在这20年中，它从一家只有几个知识分子的公司，发展成为一家享誉海内外的高科技公司。联想之所以能有这样的发展，与重效益走创新之路的现代化企业核心理念密切相关。

员工苦干没有错，但一门心思苦干不问企业发展、不问社会发展，有闭门造车之弊端，对企业的壮大、竞争不仅不会有促进，反倒有可能拖后腿，比如损耗企业的财力、物力，带来不必要的时间浪费。所以，世界上优秀的企业和人才，无不把危机意识放在心上，无不把创新革新放在心上，因为创新改革是发展的硬道理。

以往我们经常听到某些人说："做勤勤恳恳的老黄牛。"苦干确实是企业需要提倡的，但重效益走创新之路更是企业发展要进行的，改革的目的是提高效率，是得到高效的收益，是让企业长久保持的根本。而如果只知一味埋头苦干，不注重创新，不注重提高效率以及汲取现代发展的理念，企业就会落伍，甚至会被淘汰。

企业是存在“寿命问题”的，国外有些知名的大企业存在了一二百年，比如，英国就有一家已有二百年历史的企业俱乐部，而我国的许多企业缺乏基业长青意识，有些企业由于满足于成功，没有危机意识，于是缺乏竞争力；还有的企业闭门造车，排斥新生事物，导致产品落伍，陷入发展困局；更有诸多的企业跟不上社会发展形势，于是被淘汰。

所以，做企业要具有前瞻性，要有创新意识，有危机意识，企业才会有大发展，才会让企业基业长青。

仅有自信不动脑不能解决问题

工作中，每个人都会遇到困难，有的人会在困难面前退缩，有的人会寻求他人帮助，有的人干脆放弃，但也有人会动脑筋想办法，不等不靠，自己解决，这种动脑筋想办法的人大多会是成功者，因为这种人不放过每个有发展的机会，他们胸有大格局，于是想方设法让自己达到成功彼岸。

2001年5月20日，美国一位名叫乔治·赫伯特的推销员，成功地把一把斧子推销给了布什总统，布鲁金斯学会奖励他一只刻有“最伟大的推销员”的金靴子，这是自1975年该学会的一名学员成功地把一台微型录音机卖给尼克松总统以来，又一名学员获此殊荣。

布鲁金斯学会创建于1972年，以培养世界上最杰出的推销员著称于世。在每期学员毕业时，它都要设计一道实习题让学生完成。在克林顿当政期间，布鲁金斯学会的题目是：把一条三角裤推销给克林顿总统。8年间，无数个学员为此绞尽脑汁，均无功而返。克林顿卸任后，布鲁金斯学会把题目换成：请把一把斧子推销给布什总统。

许多人可能会认为：总统什么都不缺，即使缺什么，也用不着他亲自购买；退一万步说即使他亲自购买，也不一定适逢你去推销的时候。而且更重要的是，许多人都觉得向总统推销诸如内裤、斧子这一类的东西，实在是件很难堪的事情，因而他们在心理上首先就打了退堂鼓。

然而赫伯特却面对挑战，动脑筋想办法。他仔细研究了布什总统，最后认为布什总统在德克萨斯州有一座农场，种了许多树，因此把斧子推销给布什总统是有可能的。

于是赫伯特给布什总统写了一封信，信中写道："有一次，我有幸参观您的农场，发现那里种着许多矢菊树，有些已经死掉，木质已变得松软。我想，您一定需要一把小斧子。但是从您现在的体质来看，小斧子显然太轻，您需要一把不甚锋利的老斧子。现在我这儿正好有一把这样的斧子，它很适合砍伐枯树。假若您有兴趣的话，请按这封信所留的地址汇款15美元……”

不久，赫伯特收到布什总统汇来的15美元。后来，他也成为了美国历史上最伟大的推销员之一。

其实，赫伯特并没有去想什么所谓的很高明的方法，他在信中所说的也都是很普通、很正常的推销理由，但是他最后推销成功了。这其中最根本的原因：一是因为他不怕困难，他相信依靠自己动脑能够想出办法；二是他并没有像其他推销员那样遇困难轻易放弃。他清楚地知道，不做是没有结果的。因此，与其害怕不成功，不如动脑想办法去行动。

20世纪70年代，美国当代著名心理学家斯坦福大学心理学系教授阿尔伯特·班杜拉提出了“成功者不一定认为自己最棒，而是相信自己想出办法，敢于行动”的理论。他说，成功人士的重要特质之一是“自我认知感”，这与一般人认为的有点“自信心”是有很大区别的。有点自信心，是开始“自我相信”，开始相信自己还行，开始相信自己比别人棒！但最后能否坚持下去，能否遇困难不放弃，就很难说。比如有些“很有自信”的人，不见得可以靠动脑持之以恒地做事做到底。这或许就是因为他们的自信只是有自信，所以当他们做了一阵子，发现这件事好像一直在碰壁时，就会放弃，就会退缩，认为“这件事也许不适合我做，换件事情做吧”。于是，他们不再坚持下去”，而是采取退缩、放弃的行动，也不动脑想办法，失去了很多本来可以成功的机会。

下面的故事同样说明了仅有信心不动脑不想办法不能成功的道理：

1991年，摩托罗拉公司由于手机占领了市场大部分份额，于是正式决定建立由77颗低轨道卫星组成的移动通信网络，并以在元素周期表上排第77位的金属“铱”命名。1997年铱卫星系统投入商业运营。

铱卫星移动通信系统为用户提供的主要业务是：移动电话（手机）、寻呼和数据传输。从技术角度看，铱星移动通信系统在技术上突破了很多障碍，系统基本结构与规程已初步建成，系统研究发展的各个方面都取得了重要进展。在此期间全球有几十家公司参与了铱星计划的实施，可以说铱卫星计划从初期的确立、运筹和实施都是非常成功的。

然而，摩托罗拉公司费尽千辛万苦，在1998年11月1日正式将铱卫星系统投入使用时，命运却和它开了一个大玩笑，原来诺基亚手机因在个性化应用上“下了一番大功夫”，在它之前一举推出了内置天线的手机，这种内置天线的手机由于外形漂亮，携带方便，通话效果好，开始占领手机大部分市场。很多客户喜欢诺基亚内置天线手机精巧、美观、方便携带特点，纷纷购买诺基亚新型手机，而摩托罗拉手机失去稳定的客户群，从而导致铱星公司亏损巨大，连原先借款的利息都偿还不起，摩托罗拉公司不得不将铱星公司申请破产保护，在回天无力的情况下，宣布终止铱星服务。

其实，在摩托罗拉大举进攻高科技的铱星系统时，应当说手机天线的内置，称不上什么重大发明，但诺基亚想方设法应和人们需求，并凭借这一创新，一举将摩托罗拉拉下了全球手机市场份额第一的位置。

这是商业史上决策上失误的一个典型例子，但是究其决策失误的根源，却是一种以自信的思想在起作用。摩托罗拉公司忽视了动脑产生的效益，即在当今市场经济条件下，企业的一切决策都应以消费者的需求为中心，而不能以自己的想象为中心。

其实，企业如此，个人同样如此，即我们做每件事情时都要树立一种结果思维。这种结果思维进行前必须动脑筋，想方法，因为出新才可有优异的结果。

心理学家发现，有很多成功人士虽然不是很有自信的人，但他们却很有自我认知感！即“遇到困难，我可以动脑筋，想办法，然后去行动！”

拿破仑·希尔说：“世上很多事情人们之所以不愿去做，只是因为他们想当然地认为很困难。其实，只要能拿出勇气主动去试一试，也许很快就能排除想象中的障碍，铺平走向成功的道路。”

有一次，孙权送给曹操一头大象，曹操很想知道大象的重量，问文武百官谁能想办法称出大象的重量。官员们围着大象议论纷纷，但是谁也想不出办法。

就在这个时候，曹操小儿子曹冲站了出来，告诉大家自己有办法称出大象的重量。他先是叫人把大象牵到船上，当船下沉时，他命人沿水平线在船上划一道记号，然后让士兵把大象牵上岸，曹冲又让士兵将石头装到船上，直到记号和水面齐平。然后，曹冲告诉曹操，只要称出石头的重量就能知道大象的体重。

这时候，大家明白了：石头装上船和大象装上船，只要船下沉到同一记号上，把这些石头称一称，就是大象的重量，大家都说，这办法看起来简单，可要不是曹冲做给大家看，大家还真想不出这种办法来呢。曹冲真聪明！

这个实验在很大程度上说明，困难不可怕，只要想方法，同时，还要树立信心，要有不怕的想法，因为，当你认为某件事不可能做得到时，你的大脑就会为你找出种种做不到的理由，但是，当你相信某一件事确实可以做到，你的大脑就会帮你找出能做到的各种方法。

● 超越预期可以开出更美的花

预期，是现今一个热词，就是对自己所要达到结果的一个预先估计。做事有预期是好的现象，因为这可以让自己朝着所定方向努力。人有方向才能有的放矢，才能对自己在行动过程中的阶段安排和节奏有整体的把握。当然，设定预期并不等于能实现最后的目标，有些预期甚至会成为遏制人们前进的阻碍，因为预期，本是对未来情况的估计，所以，有偏差也是正常的事情。

成功的人和企业会设置预期，但不会把自己限制在预期的牢笼里，预期是“死”的，但是人的潜力和努力却是充满变化和未知的，当人能够超越预期，就不会再受到预期的束缚，能争取到更大的成果。

努力把目标完成得超出预期，是一种无论什么事情都力求做得更好的精神。“全球IT业的巨头戴尔公司的发展历程展现的就是这样一种不断追求的更好精神。

2003年，戴尔公司的销售收入超过了354亿美元，公司立即宣布：2006年公司销售收入要达到600亿美元的预期效果，必须3倍于市场平均增长率。公司规定员工在完成指标后的庆贺不允许超过5秒钟，而且5个小时之内必须拿出新的目标和计划。

这就是戴尔公司，永远把自己的目标放得更高，永远把自己置于一种拼命的状态。而戴尔公司是如何培养员工的呢？公司要求员工把每一次任务都当作参加奥运会：只有第一，没有第二。

戴尔公司为什么要求公司、员工如此快速增长、成长呢？因为公司知道自家产品没有什么独特之处，自家产品既没有IBM那么悠久的历史和品牌，自家团队也没有惠普那么多优秀的科学家和优秀的技术能力，但是公司认为自家能做到一点：

我比你们都快。

结果是，戴尔公司在个人计算机销售量上，曾超过了IBM、惠普和康柏，曾连续3年占据了全球第一。这种不断地设置预期并超越预期、超越目标的精神，最终将戴尔公司送上了全球IT业的领军地位。

所以，人如果总将自己套在预设的目标里，那就只能止步不前，永远比别人慢。

耐迪·考麦奈西是第一个在奥运会体操比赛中获得满分的运动员。他说："我常常预期自己的结果，但我不局限于我的预期。因为我明白人人都想当奥运会冠军，但当冠军就得有不同凡响的地方，而且你还得比别人更吃得起苦。我把预期目标作为努力的方向，并力求突破预期目标。我给自己确立的目标预期准则是：一定要做得比预期要求更好。

有几位心理学家曾在一所著名的大学中选了一些运动员做实验。他们要这群运动员做一些别人无法做到的运动，还告诉他们，由于他们是国内最好的运动员，因此他们会做到的。

这群运动员被分成两组。第一组到了体育馆后，虽然尽力去做，但还是做不到。第二组到体育馆后，研究人员告诉他们第一组失败了。“但你们这一组不同。”研究人员说，“把这个药丸吃下去，这是一种新药，它会使你们达到超人的水准。”结果，第二组运动员很快地完成了那些困难的练习。

“那是什么药丸？”事后参加者问道。“不过是面粉做的小食品而已。”

心理学家后来总结说，第二组之所以能完成“不可能”的运动，是因为他们相信“自己能”。所以，如果你相信“你能”，也就能够完成一切你要做的事。

是的，一个总担心被拒绝的推销商，就不会有勇气给拒绝他的客户再打电话；一个害怕失败的运动员，也会没有胆量挑战新的目标。

奥运会金牌获得者彼特·维德玛这样说：“每一天，我都将自己要在体育馆里完成的预计项目列出清单来。如果我的训练能持续3个小时，我认为自己做得还可以！如果我的训练能持续6个小时，那我认为自己是尽力了！每天我都把自己预计的项目完成，不完成我决不会离开体育馆。我每天的目标就是这样：在离开体育馆的时候，我对自己说："我完成任务了。"

哈佛大学有一个十分著名的关于预期目标对人生影响的跟踪调查，对象是一群智力、学历、环境等条件都差不多的年轻人，调查结果显现：27%的人，没有预期目标；60%的人，预期目标模糊；10%的人，有清晰但比较短期的预期目标；3%的人，有清晰且长期的预期目标。

调查团队经过25年的跟踪研究结果发现，上述这些人的生活状况及分布现象十分有意思，那些占3%者，25年来几乎都不曾更改过自己的人生预期目标，25年来他们朝着自己设定的方向不懈地发奋努力，几乎都成了社会各界的顶尖成功人士，他们中不乏白手创业者、行业精英、社会精英；那些占10%有清晰短期预期目标者，大都生活在社会的中上层，他们的共同特点是，那些短期的预期目标不断被达成，于是他们再设立一些短期的预期目标，他们这些人生活状态稳步上升，现成为各行各业的不可或缺的专业人士，如医生、律师、工程师、高级主管等等；占60%的预期目标模糊者，几乎都生活在社会的中下层面，他们虽能安稳地生活与工作，但都没有什么突出的成绩；而剩下27%的是那些25年来都没有预期目标的人群，他们几乎都生活在社会的最底层，生活过得不如意，常常失业，靠社会救济，性格也不成熟，常常在抱怨他人，抱怨社会，抱怨世界。

调查团队最后得出结论：设定预期目标对人生有巨大的导向性作用。

心理专家认为，让人们迟疑不定的是害怕失败，害怕目标的不能实现。可是很少有人换个角度想一想：如果不制定预期目标，就永远没有成功的可能！预期目标是经过努力可能成功的方向。因为，人们设置预期目标，会通过努力，实现设定的目标，甚至实现目标外的目标。

所以，一个人在设定预期目标时，要尽量延伸发展自己的潜能。这样，你才能为挑战自我奠定良好的基础。

第三章

责任崇高，胜在高效执行

善思考让行动能力翻倍

思考是人最大的优点，也是人创造力的源泉。善思考的人是负责任的人，能让自己行动少走弯路。有些人身体并不强壮，但思考能力却很出众，他们所做之事常让人有眼前一亮的感觉；还有些人会“灵活思考”，于是他们的所做所为也会让人刮目相看。

王戎七岁的时候，有一次和小朋友们玩耍，看见路边有颗李树，结了很多李子，枝条都快被压断了。小朋友们争先恐后地跑去摘，只有王戎没有动。

有人问他为什么不去摘李子，王戎说：“这棵树长在大路边上，却有这么多李子，这一定是苦李子。”有小朋友摘来一尝，果然是这样。

这个故事写出了王戎观察仔细，善于动脑，能根据有关现象进行推理判断，是一个聪明的孩子。

善思考主要指思维能力，包括理解力、分析力、综合力、比较力、概括力、抽象力、推理力、论证力、判断力等综合能力，它是人整个智慧的核心，参与、支配着人一切智力活动。人要使自己聪明起来，智慧起来，最根本的方法就是要培养善于思考以及善于思维的能力。因为人在把思想付诸行动的过程中，无可避免地会遇到这样或那样的问题，而问题是行动过程的附加品，这些附加品有大有小，有容易解决的，有不容易解决的，这时就需要人们进行思考，而思考的结果就是想出办法解决问题或更新自己未曾想到的问题。思考能力是一个人解决能力的外在体现，一个思考能力强的人，在思维上会借助逻辑推理的形式，把结果推导出来。

有句俗话说得好：“开锁不能只用钥匙，解决问题不能只靠常规的方法。”也就是说，当问题出现时，我们不能把思考只停留在问题表面，不能只想到那些常规的方法，要深入研究解决问题的关键，并综合思考，找到简洁、有效的方法，这样才能达到事半功倍的效果。

杰恩曾作为日本凌志汽车在美国南加州的销售代理，经历了一次新款凌志汽车在美国打开销路的过程，最后他成功地完成任务，使用的就是思考中转换思维的思考方式。

一新款凌志汽车在美国销售效果不佳，杰恩派到美国后，放弃了常用的做法——在报纸和广播上做大量广告，等着人们来下订单。他认真分析了当前存在的问题，在纸上列出了若干个他经过思考后认为可以实施的方法，最后他又运用比较法确定了其中一个方法，作为改变旧有销售方式的策略。

他让一些销售员各自开着一辆凌志新车，到富人常出没的地方——乡村俱乐部、码头、马球场、比佛利山和韦斯特莱克的聚会点等，然后邀请这些富人坐到崭新的凌志车里兜风。这些富人享受完新车的美妙以后，再坐回到自己的旧车里面的时候，突然觉得旧车的缺点令他们无法容忍。从那之后，陆陆续续开始有人购买或租用凌志车，杰恩的新式推销方法有了成效。

杰恩的新方法正是抓住让消费者体验凌志新车的优点，表现出凌志新车与其他车的优势，达到购买的广告效应。

其实，充分运用自己的思考能力，敢于打破常规思维，也许能找到行之有效的方法来解决问题。

一天凌晨，一个人推着一辆装满稻草的手推车来到了两国之间的边境。边防哨兵疑心顿起：稻草是不需要交税的，但是稻草下面到底是什么？

这位哨兵仔细地对手推车中的稻草进行了搜查，但是一无所获。哨兵非常疑惑，亦感到很恼火，但是他只能给这个人放行。

第二天这个人又来了，还是推着一辆手推车，这次里面装满粪肥，粪肥也是不需要交税的商品。

这位哨兵心想这次一定要查出点什么东西来。所以他不顾恶心的臭味，找来一把小铲，仔细检查了臭烘烘的手推车，但没有发现什么走私品。

就这样，这个人每天都会推着手推车运些不需要交税的物品过关卡，哨兵每次都检查，但始终都没能检查出什么东西来。

就这样过了一年，突然有一天，那个人没有再来到边境，此后也再也没出现过。

十几年后的一天，哨兵和这个人在一个酒馆中不期而遇了。哨兵问那个人，希望他能解答一下多年以来一直困扰他的一个问题："我多年以前就离开海关了，那一年我每次检查都尽心尽责，我想知道你当时在走私什么东西，你一定是在走私什么东西。"他说道，"都这么多年了，你能告诉我你走私的是什么东西吗？"

"手推车。"这人说。

这个故事中的那个走私者只是在自己的行动中加入了一点其他元素的思考，于是他的行动便产生了意想不到的效果。他其实就是利用了一下哨兵的习惯性思维，确实，哨兵一直注意着他手推车上的东西，却没有想到他走私的就是手推车。这就是思考的重要性，人在行动时，如果运用了独特的思考方式，可能会收到令人吃惊的效果。

我们常常强调一个人的行动能力，其实行动能力并不是完全体现在干与做之中的。一个行动能力很强的人，往往善于运用自己的头脑思考，他们会找到各种有效的方法来促使自己所做事情进展得更加顺利和高效，这就是利用思考让人成功的关键。

人的思考是自己进行的，人会独立地思考， 能为自己带来无尽的机会。当然，人要有独立的思考意识，不要形成每一件事都依赖他人帮助解决的习惯。

独立思考能力是人一项很重要的能力，是各种能力的基础，它决定人与人、人与社会的竞争力，而人的成长，是一边接受社会观念，一边与之对抗的过程，当人的思考能够容纳下不同的思维模式，经过思考就会对出现的各种问题有解决的能力。

正确的思考产生正确的行动

人的可贵之处在于思考能力，所以，一旦在思想上自我设限，那么思考能力就会被束缚，结局就是不敢想，也自然不敢做，潜能得不到发挥；而思考不受限，大脑就会产生爆发力，潜能得到开放，促使人做更多的事。

生活和事业都离不开思考和行动。思考是行动的前提，要想做得到，先要想得到。而做是思考的结果，在正确的思考指导下的行动往往是取得成功的关键。所以，做任何事情前，首先要进行周密的思考，制订出相应的目标和规划，这样，思考后的行动才能有的放矢，让行动得到更好的效果。

20世纪40年代，加利福尼亚州有一家规模不大的自行车厂。由于受第二次世界大战的影响，生意变得不太好。这家工厂的老板杰克经过调研，认为军火是当时的热门，但自己没有做过。他认为做这行需要知识，于是只好另想他法。终于，经过一番思索，他有了一个想法，于是，他找来另一个合作伙伴。

这个合作伙伴问他："我们能做什么？"

杰克说："改做生产残疾人用的轮椅。"

合作伙伴很是不解，但还是按照杰克说的去做了。经过一番改造后，轮椅面世了。由于战争越来越残酷，受伤的人越来越多，在战争中受伤致残的士兵为出行方便，几乎都买了轮椅。杰克的工厂很快赚钱了，新产品不但在本国畅销，连国外也有人来购买。

合作伙伴看到工厂的规模不断扩大，不断获利，在满心欢喜之余又向杰克请教："战争快结束了，轮椅如果继续大量生产，需求量可能已经不多。未来的几十年里，市场又会有什么需要呢？"

杰克反问道："战争结束了，人们的想法是什么呢？"

“人们对战争会厌恶至极，希望战后能过上安定美好的生活。”

杰克又说：“那么，美好的生活靠什么呢？要靠健康的身体。所以，将来人们会把自己的身体锻炼作为重要的追求目标。我们要为生产健身产品做准备。”

于是，原本生产轮椅的机械流水线，又被改造为生产健身器的流水线。

健身器在最初的几年中，销售情况并不太好。杰克和合作伙伴此时都先后去世了，但是他们的子女始终坚信父辈的超前思维，仍然继续生产健身器。终于，健身器开始走俏，继而又成为了热门货，由于当时健身器厂在美国只此一家。老杰克的儿子又根据市场的需求，不断增加产品的品种和产量，扩大企业规模，最终使企业进一步走向辉煌。

人在规划自己的人生目标时，前提不仅是要主动思考，具有预见性，还要有远见，然后落实，这样才能保证每一次行动都能有成效，思考决定出路，思考决定人生。

美联社曾讲述过一位普通美国青年用一枚曲别针换房子的故事。

麦克唐纳在互联网上买了一枚特大号的红色曲别针，这是一件难得的艺术品。为了用这枚曲别针交换些更大更好的东西，他在当地的物品交换网站上发出了广告。

很快，来自英属哥伦比亚的两名妇女用一支鱼形钢笔换走了他的红色曲别针。就在当天，他前往西雅图参加了一场舞会，返回时，顺便前去拜访艺术家安妮·罗宾斯。没想到，麦克唐纳的那支鱼形钢笔被安妮看中，麦克唐纳得到了一个陶瓷把手。

接下来的交换对象是来自弗吉尼亚州亚历山德里亚市的35岁的肖思·斯帕克斯。斯帕克斯给了麦克唐纳一只科尔曼牌的烤炉。斯帕克斯原本有两只，恰巧他的咖啡机把手坏了，于是将目光瞄准了麦克唐纳的陶瓷把手，交易再次达成，麦克唐纳此时开始意识到物物交换的妙处。因为每次交换后，他总认为自己拥有的东西价值就提高了一大块。

麦克唐纳决定继续交易下去。加州潘德领海军陆战队空军基地的一名军官要了他的烤炉，并给了他一台发电机。随后，麦克唐纳用这只发电机换了一只具有多年历史的百威啤酒的啤酒桶。加拿大蒙特利尔市一名电台播音员相中了这只古典酒桶，用一辆旧的汽车交换了这只酒桶。

加拿大一家杂志愿意为麦克唐纳提供一次花销不菲的旅行。但麦克唐纳将这次旅行的机会转让给了一个魁北克省的经理，借此换取了一辆1995年生产的泰龙敞篷车。不久，麦克唐纳又将车转手给一位音乐家，得到了工作室录制唱片的一份合同。麦克唐纳把这个机会给了凤凰城一名歌手，歌手感激他给了他一栋双层公寓中一间房间10年的使用权。

麦克唐纳的成功无疑与他高超的“交换技巧”有关。然而，用曲别针换房子这种事情，在常人看来绝对是不可想象的，也没有人敢去奢想这样的事情，因此，很多人不会有物交换物想法。但麦克唐纳敢想敢做，并最终真的实现了一个较高的目标。

所以，人的思考可以爆发无法想象的力量。生活中，很多事情都是在敢想基础上，开动脑筋，付出努力，最终才能获得想要的结果。

思路决定出路，许多人不是没有好机会，而是思考不对路，比如，不敢接受新观念、新事物；比如，不敢进行一些没有尝试过的事。人的思考会伴随着自己的一生，比尔·盖茨说：“人和人之间的区别，主要是思考的区别。”

美国桂冠诗人兰斯顿·休斯说：“两个关在监狱里的人通过栏杆看外面，一个看到的是泥土，另一个看到的是繁星。”

思考事物时要正面思考，这样的思考才会是正确的，才会明白自己的优势和潜力，行动起来才不会知难而退，轻言放弃，而是敢作敢为，奋斗到底。而负面思考要及时摒弃，因为负面思考容易让人有否定一切的倾向，是失败者的一种思维方式，所以，思考要往积极的方向思考，正面思考，因为思考决定命运，这种说法一点也不为过。

非凡的创新成就非凡的成绩

创新意味着开创或对旧有事物的改造，人没有创新能力，就无法发挥聪明才智，发挥特长，更不会创造非凡的成绩。就拿手机来讲，在短短的几年时间，已从模拟机发展到数字机发展到可视数字机发展到可以上网的手机，手机的更新演变告诉我们：产品的创新是永无止境的。

创新对个人对企业都很重要，在当今时代，创新成了创造奇迹的最重要的武器。没有创新就意味着落后，而落后则意味着被淘汰。人只有不断创新，才会出大成就；企业只有不断创新，才会始终保持有新鲜血液的注入，让企业永远站在竞争的前列。

当今，个人创新的例子不胜枚举，比如，比尔·盖茨靠软件创新，用20年的时间成为世界首富；史玉柱把维生素包装成脑白金，从而起死回生重新成为行业中的风云人物；马云靠阿里巴巴的创新构想更是让人们仰视。这些人靠创新成就了自己非凡的事业。而企业靠创新获得成功的例子也数不胜数：比如，宝洁公司在过去的171年里，品牌每天都在以细微却极具意义的方式亲近并美化着消费者的生活，其公司产品涉足多达20多个品类，这些品牌的销售覆盖了180多个国家，其创新能力令人吃惊。

美国有个叫杰福斯的人，他小时候是个牧童，工作是每天把羊群赶到牧场，并监视羊群不能越过牧场的铁丝栅栏到相邻的菜园里吃菜。

有一天，小杰福斯在牧场上不知不觉睡着了。不知过了多久，他被一阵怒骂声惊醒了。只见老板怒目圆睁，大声吼道："你这个没用的东西，邻居家的菜园被咱们羊群搅得一塌糊涂，你还在这里睡大觉！"小杰福斯吓得面如土色，不敢回话。

这件事发生后，机灵的小杰福斯就想，怎样才能使羊群不再越过铁丝栅栏呢？他发现，牧场有一面地上生长着玫瑰花，那边没有更牢固的铁栅栏，但羊群从不过去，因为羊群怕玫瑰花的刺。

“有了，”小杰福斯高兴地跳了起来，“如果在铁丝上加一些刺，就可以挡住羊群不再往外翻越了。”他将一些铁丝剪成5厘米左右的小段，然后把它结在铁栅栏上当刺。结好之后，他再放羊的时候，发现羊群起初也想试图越过铁丝网去菜园，但每次被刺疼后，都惊恐地缩了回来，被多次刺疼之后，羊群不再越那些栅栏了。

小杰福斯在半年后，申请了这项专利，并获得批准。后来，这种带刺的铁丝网风行世界。

每个平凡的人都可能成为伟大创新的主体，只要你肯充分开动脑筋，创新会给自己、给他人、给社会创造无限的商机。

日本最大帐篷商、太阳工业公司董事长能村先生想在东京建一座新的销售大厦。但是想在寸土寸金的东京建一座大厦，不仅一时难以收回成本，而且大厦的每日维护消耗也是一笔不小的开支。怎样能做到既建了大厦，又可以借此开拓新的市场，让大厦不赔钱呢？

“凡事就怕有心人”。能村先生本是个善于动脑筋的人，他平日就很喜欢关注生活里的一些热点问题。当时，攀岩热正在日本兴起，且大有蓬勃发展之势，这令能村先生茅塞顿开：何不建一座都市悬崖，满足那些都市年轻人的爱好？

经过调查研究，能村先生邀请了几位建筑师反复研讨，决定在建大厦的外墙上加一点花样，将大厦外墙建成“悬崖绝壁”，作为攀崖者的练习场。

半年后，一座植有许多花木青草的悬崖，便昂然矗立在东京市区内，仿佛一个多彩而意趣盎然的世外桃源。在东京市区内出现了从前在深山峻岭才能看到的风景，这一下子吸引了人们的目光，每日来此观光的市民不计其数，而一些外地的攀岩爱好者闻讯后，也跑来一显身手。练习场开业那天，几千名喜爱攀岩的血气方刚的年轻人，兴高采烈地聚集于此处，纷纷借此过一把攀岩瘾。

能村先生还恰到好处地把握了这种轰动效应，因为他在这座大厦的隔壁开了一家专营登山用品的商店。很快，该店便因货品齐全，占据了登山用品市场的榜首地位。

“越有利用价值的东西就越能赚钱。”这是能村先生的经营之道，也是他的发展之道，创新使他思维活跃，不仅把大厦的外墙建成都市里的“悬崖”，还以此赚了大钱。

很多人往往把创新想象得高深、神秘、复杂，但很多创新其实是在不经意间获得的，所以，有些伟大的创新往往是简单的。当然，创新是要动脑子的，需要有超前的意识，需要有敢于打破旧有事物的勇气，还要有观察仔细等多方因素。

创新能让资源得到更加充分的利用，像上面的案例就是这样。原本在常人看来只能作为办公使用的大厦，不仅满足了原来的需求，而且成了赚钱的攀岩运动的练习场，这就是创新带来的巨大效益。

一个靠摆冷饮摊生活的青年人，经过近30年的奋斗，后来成为拥有大小餐馆近400家、员工3万多人、年营业额在4亿美元左右的大企业总裁。这虽不是空前绝后的成就，但也不是大多数人能够办得到的。

创造这一奇迹的是梅瑞特公司的创办人约翰·梅瑞特，从他的创业故事中，你也许可以发现“创新把小生意做大”的诀窍。

1927年，梅瑞特和他的新婚妻子来到华盛顿。在这里，他租用了一家食品店一角卖冷饮。事实上，这个角更像是个冷饮摊，他们只卖汽水。

由于利润太薄，没多久，他们的冷饮摊被迫关闭。但这家食品店由于地处中央街区，来来往往人很多，梅瑞特认为不管将来做什么生意，这家店都是很理想的位置。所以，尽管自己冷饮摊关门歇业了，他还是照样付那个小地方的房租。

每一天，梅瑞特在晚上人们下班的时候，站在街的一角，观察食品店，他发现食品店隔壁面包店的生意特别好，大有应接不暇之势，经过两个星期的观察，他受此启发，与妻子商讨决定利用原有的那个角开个快餐店，推出热食品，比如辣椒红豆饼、墨西哥薄饼，夹烤肉三明治等。

由于妻子善做面食，他认为推出的食品会热销，果然，由于他们的食品很有特色，得到了很多人的喜欢，再加上梅瑞特独特强调“热”来表现自家食品特色，每一天都吸引着众多食客。他每天先煮一大锅玉米汤，然后不时地掀开锅盖，让热气从锅里冒出来，缭绕在店面上空，给人一种热气腾腾的感觉，由于玉米汤香甜可口，人们在买热食时，也常买上一杯汤，尤其在冬天，这一招特别吸引人。

同时，他们设计的炉灶是跟店面连在一起的，他们把炉灶做成白色，妻子爱丽丝穿着艳丽的衣服，围了条白色围裙，站在炉边做着各种美食，让顾客看着赏心悦目。在夫妇两人齐心合力的经营下，快餐店的生意很快红火了起来。

怀有雄才大略的梅瑞特，一看发展的时机来临，立即着手准备扩展的计划。他先由太太亲自主持训练招来的厨师，而自己则一有空闲就到外面去勘察地点，以备增设分店。

这时候，美国处在不景气的阴霾下，豪华的餐厅一家接一家地倒闭，但梅瑞特这种大众化的小快餐店，却成为饮食业中的“黑马”。再加上梅瑞特夫妇经营的小快餐店别具特色，生意就更加兴隆了。到了1932年，梅瑞特公司所属的小快餐店已增加到7家。再后来，梅瑞特成为了餐饮业的巨头之一。

创新就是要根据社会变化而变化，要不断产生新思想和新观念，绝不能对日新月异的社会变化产生恐惧、排斥思想，相反地，应有一套切实可行的应变计划、前瞻计划，使自己能够敏锐地把握住创新发展的机会。

创新虽然是在走一条没有先行者的路，不知道哪里会有

“陷阱”“风险”，克服困难也需要人力、物力的支持，但是创新是使人唯一立于不败之地的最好方式。创新可以包括很多方面：简单地来说，技术创新可以提高生产效率，降低生产成本；体制创新可以使企业的日常运作更有秩序，便于管理，同时还可以摆脱一些旧有的体制弊端；思想创新可以让自己不落后，能跟上时代的步伐；领导者创新能够保障企业沿着正确的方向发展；员工创新可以增强企业的凝聚力，发挥创造性，为企业带来更大的效益。

总之，创新，是发展壮大的硬道理。

不让自我潜能处于“沉睡状态”

你了解自己的潜能吗？你又开发了自己多少潜能呢？就拿人的大脑来说，它控制着和管理着人的身体和精神。然而据科学家研究，人类对大脑的利用率极低，普通人对大脑的利用率不过2%～5%，连最聪明的爱因斯坦也只不过利用了10%左右。对于人类来说，大脑就像一个神秘的巨人，其无穷的潜力正等着人去开发。

有一年，一支英国探险队在茫茫的撒哈拉沙漠里跋涉，走了很久都没有走出去。队员们渴得嗓子冒烟，但大家的水都没了，队伍里弥漫着一股死亡的气息。这时，探险队长拿出了一只水壶，对队员们说："这里还有一壶水，但在穿越沙漠之前，谁也不准喝。"于是，这壶水寄托着队员们求生的信念，在他们濒临绝望的脸上，又露出了一丝坚定的神色。

终于，探险队全体人员顽强地走出了沙漠。然而，当大家用颤抖的手拧开了壶盖。令他们吃惊的是，从壶里缓缓流出的根本不是水，而是沙子！

故事中的队长是睿智的，他知道该怎样激发队员们内在的潜能。这壶沙子就好比一粒种子，在队员们的心底发芽，给了他们求生的力量和勇气，最终领着他们走出了绝境。

俗话说：成功一定有方法，失败一定有原因。那么，成功的方法来自于哪里？自然是来自于人们大脑的思考。

人与人之间本没有太大的差别，只是思维方式不同。成功的人之所以成功，失败的人之所以失败，就是由于思考方式的不同。成功的思考方法注定了要为实现成功而挖掘出尽可能多的潜质，而失败的思考方法大多是因为对自己大脑中思考方式设了太多的限制。

人自我设限其实就是不能释放自我潜能，是一种自我的否定，即对自我潜能的否定，对自己能力的否定。自我设限的人，往往会有一种“我不行”的思想，他们不懂开发自我潜能的重要性，他们“不”字当头，“怕”字当先，觉得自己什么都不行；也不愿去思考，甚至不懂如何思考，让大脑中各项潜能继续沉睡。

美国俄勒冈大学的唐纳德·西洛托做过一个著名的试验，很好地证明了这一点。试验是这样的：他将一群人分两组放在不同的房间中，每个房间中有一台仪器不停地释放着噪音。接着，唐纳德·西洛托给两组人布置任务，让他们想办法让噪音停止。

第一组试验者按遍了仪表盘上所有的按钮甚至各种组合按钮，仍然关不掉噪音。他们其实不知道，他们是不可能通过按按钮来停止噪音的。而第二组的试验者轻轻松松通过按钮的组合停止了噪音，这是唐纳德·西洛托事先设定好的。

然后，唐纳德·西洛托将两组人依次带入另一间屋子里，要求他们一个接一个关掉屋中一台仪器发出的噪音。这台仪器组合按是可以停止噪音的。

这时，有趣的现象出现了：第二组人通过按钮组合一个个地都关掉了噪音；而第一组的试验者，即使在时间、地点、条件改变了的情况下，也不去尝试通过按钮组合关掉噪音，而是进去后很快就出来。他们之所以不去尝试，是因为他们觉得“再努力也没用”。

这就是心理学上说的“习惯性无力感”。由于多次碰壁，不自信，或者由于别人不断向你灌输“你不行”的理念，本来有能力的人，也会产生自己“不行”的感觉，最终干脆放弃努力，让潜能永远处于被压抑的“沉睡状态”。

社会是变化的，人也需要变化，但很多人不能适应变化，总是给自己无端设限。这种设限，其实，来自于自我心理的束缚，而不是来自于别人或者环境强加的。所以，只要人肯突破自我设限，就能挖掘出自己的潜能，就能获得成功。

3年前，她是一位大四的学生。暑假前夕，有一家美国公司的中国区总裁，到她所在的大学做了一场大型讲座。演讲十分出色，激发出她许多想法。

她后来根据想法写了一篇文章，写好后，她有一种冲动：想把自己写的文章送给那位老总看看。

她学的不是文学、新闻专业，但是一直想从事这方面的工作，所以平时经常写一些文章。

但冲动过后，她又犹豫了："我行吗？这篇文章不会让我丢脸吧？"

她转念又一想："丢脸就丢脸吧，反正以后可能再也见不到他了！"

于是她把这篇文章设法交给了老总。没想到，两天之后，她突然接到了这位老总打来的电话，告诉她这篇文章写得很好，希望她写出更多这样的好文章。

不久，她要开始实习了。她突然又有了一个想法：去北京实习，将来到那里发展。可在北京，她没有熟人，唯一认识的就是这位老总，于是她想，能不能找找他？

这时，她又一次有了畏惧的念头，那个"我不行"的想法，又像蛇一样地在她心中抬头了。

但是她还是一咬牙，打电话向这位老总表达了自己的愿望，并希望他帮忙联系一个新闻单位。

没想到，这位老总对她这种主动精神十分欣赏，很快帮她联系到一家著名的报社，并鼓励她发挥特长，争取成功。两个月的实习期，她发表了好几篇有分量的文章。最后在实习表上，报社给了她非常好的鉴定意见。

毕业时，这份鉴定意见和她发表的文章，对她应聘起到了很积极的作用，北京一家大型出版社很快录用了她。

人的潜意识无处不在，影响着人生活工作的每一个方面。潜意识在人们的头脑中隐藏着，很少有人真正去全面地认识它。所以，开发自我的潜意识，学习如何利用它，可以为你的生活带来更多的积极力量，以及健康、幸福和喜悦。

人的潜意识的力量无比巨大，每个人都具有这种巨大的力量，它是人们创造、创新的神奇力量，也是走向成熟、成长的必由之路。

有的人能够成功，有的人不能成功，其中不成功的人很大部分的原因来自于对自我潜能开掘的限制和否定。一个人如果给自己限定了一个狭窄的生存范围，那他就只能在此范围内活动，就像井底之蛙，永远只能看到井口上面的天空。所以，人要想成功，首先就要突破自我设限，开发自己的潜能，并尽可能多地开发出潜能。因为心有多大，舞台就有多大，敢于挑战自我，才能把自己的潜能开发出来。

不冒险永远不会成功

有了一个好点子要着手实施，有时需要冒一点风险或进行放手一搏的行为，即该出手时就出手，不能犹豫不决，不能浅尝就止。否则，不敢去尝试、不敢去冒险的人，是永远也不会成功的。

有个年轻人，原是一文不名的农家子弟。然而，在他年仅26岁时，他成为了高级工程师、副教授；此后，在短短7年时间里，他将镍镉电池产销量做到了全球第一、镍氢电池全球第二、锂电池全球第三；37岁便成为享誉全球的“电池大王”，坐拥4亿美元的财富；2003年，他斥巨资高歌猛进汽车行业，誓要成为汽车大王……

他就是比亚迪股份有限公司董事局主席兼总裁王传福。是什么成就了他青年创业成功的神话？是什么让他成为商界奇才呢？很多人认为是智慧和汗水，而他则说：“那些我确实都具备，但我还具备了敢冒险的精神。”

有位在房地产公司做销售的年轻人乘火车旅行，火车行驶在一片荒无人烟的山野之中，人们都百无聊赖地望着窗外。在一个拐弯处，火车减速，一座简陋的平房缓缓地进入了人们的视野。也就在这时，几乎所有乘客都睁大眼睛“欣赏”起寂寞旅途中这道特别的风景，有不少乘客开始议论起这房子来。

返回时，年轻人灵机一动，他在中途下了车，不辞辛苦地找到了那座房子。房子的主人告诉他：“每天火车都要从房前驶过，噪音实在使人受不了，本想卖掉房子，然而房屋的造价不菲，又不能以太低的价格出售，因而很多年来一直无人问津。”

在仔细权衡之后，年轻人做了一个大胆的举动——用自己仅有的3万元买下了那座房子。他觉得这座房子正好处在拐弯处，火车经过这里时都会减速，疲惫的乘客一看到这座房子就会精神一振，用来做广告是再好不过的了。很快，他开始和一些大公司联系，推荐这座房子面对铁路的优越性，尤其大赞特赞面对铁路这面绝佳的“广告墙”。后来，可口可乐公司相中了这座房子，租用了三年，年轻人一下子收获了18万元的租金。

世上各行各业，没有不冒风险的。创业者冒风险成功的故事很多。冒风险者需要勇气和对自己事业负责任的态度，冒险精神也是进入成功之门的一把钥匙。虽然人们可以在安逸中慢慢地成就事业，但敢于冒险，则是快速成就事业的一种方法。

1965年，一位韩国学生在剑桥大学主修心理学。在喝下午茶的时候，他常到学校的咖啡厅或茶座听一些成功人士聊天。这些成功人士包括一些诺贝尔奖获得者，某一些领域的学术权威和一些创造了经济神话的人，这些人幽默风趣，说话举重若轻，常聊自己的成功以及自己冒险的故事。

时间长了，这位学生发现，在国内时，他被一些成功的书欺骗了。那些书讲述了创业的艰难，也就是说，有些作者在描写自己的成功经历时往往过多地渲染了困难，讲述了冒险后的失败历程。作为心理系的学生，他认为很有必要对韩国成功人士的心态加以研究。

1970年，这位学生把《成功并不像你想象的那么难》作为毕业论文，重点讲述了成功需要冒险，即使失败也是值得的，然后提交给现代经济心理学的创始人威尔布雷登教授。

布雷登教授读后，大为惊喜，他认为冒险创业、冒险发展是个新课题，而害怕冒险现象虽然在东方甚至在世界各地普遍存在，但此前还没有一个人大胆地提出来并加以研究。惊喜之余，他写信给他的剑桥校友——当时正坐在韩国政坛第一把交椅上的人——朴正熙。他在信中说，"我不敢说这部著作对你有多大的帮助，但我敢肯定它比你的任何一个政令都能产生震动。"后来这本书果然伴随着韩国的经济起飞了。

这本书鼓舞了许多人，因为书中观点从一个新的角度告诉人们，成功需要冒险。后来，这位青年也获得了成功，他成了韩国泛亚汽车公司的总裁。

一个人如果总是抱着下坡的想法爬山，便无从爬上山去。如果一个人的世界总处于沉闷而无望状态，那是因为自己心理沉闷无望。想改变自己的世界，必先改变自己的心态，而敢于冒险，会有新的发展机会。

现今，许多人苦苦追求，苦苦寻觅，挖空心思，绞尽脑汁，寻找事业成功的捷径；许多人，胸怀大志，目光远大，想取得超人的业绩，但不敢冒险，结果一无所获。当然冒险不能盲目行动，冒险也不应是一时冲动行为，冒险要做好生理、心理各项准备，因为冒险是一项很具挑战性的活动，冒险就会有风险。美国“挑战者”号在1986年1月28日，第十次发射升空后，突然爆炸，宇航员们为国家奉献出了生命。这从侧面说明人类发展的道路并不平坦，整个人类前进的历史是与一切艰难险阻做斗争的历史，做斗争需要敢于冒险的精神，需要人们奋斗和牺牲，需要前赴后继才会取得胜利。

如今，从高峻的山峰到深邃的海底，从浩瀚的大洋到茫茫的宇宙，哪里有奥秘，哪里就有人类的足迹，其间有成功的欣喜，也有失败的悲壮。冒险，能从沙堆中发现金币，也可能一无所获，甚至付出生命。

阿蒙森在探险史上获得了两个“第一”：他是第一个航行于西北航道的人；他是第一个到达南极的人。

1903年6月，阿蒙森的探险队开始远航寻找西北航道。整队人马在深入北极圈的威廉王岛上安营扎寨，度过了两个冬季，后又在马更岛上度过了一个冬季，终于在1906年9月完成了到达太平洋的航行。

1911年10月20日，阿蒙森赶在他的英国竞争对手斯科特海军上校前，从罗斯冰架东端的基地出发，于同年12月14日抵达南极。

正确的冒险，不是为了寻求刺激，不是为了显示个人超凡的勇气，而是出于对社会的奉献，出于造福人类的责任感、使命感。

冒险不是单纯的挑战人类极限，做无人敢做的事业，而是必须做对人类有伟大意义的事业。

那些明知是毫无意义的冒险、冲动的冒险、一意孤行盲目地追求梦想而忽略现实的冒险，都是不值得提倡和推崇的。

多角度构建或思索问题

事实证明，很多“天才人物”都善于从多角度思考问题。因为单纯看待某个问题的某个角度，往往对思索问题、解决问题无益，而多角度想问题会重新构建或解决这个问题的思路，并随着对问题的多方理解以及对视角的每一次转换而逐渐明了解决问题的核心，最终抓住解决问题的根本，想出简便有效的解决方法。

迈克尔·戴尔认为：“成功在很大程度上并不取决于能力，而取决于你是否愿意换一种角度来看你所熟悉的事物。”确实，能够多角度看问题对于人们获得成功实在是太重要了。

历史上那些科学巨匠与艺术天才，他们首要的思维策略即在于能从多个角度去思考问题、研究问题、解决问题。比如，达·芬奇、爱因斯坦、弗洛伊德等这些杰出人物的一个共同特点，就在于他们往往从不同的角度来构建所遭遇的各个方面的问题。其实，很多时候，当人们多角度思考问题，可能会给自己带来意想不到的转机。

从多角度出发研究问题，是“创新性思维”的开始。美国的金门大桥变道创意就是多角度思维的一个显著案例。1937年金门大桥建成后，堵车情况非但没有改善反倒变得更加厉害了。管理部门为此花数千万美元向社会广泛征集解决方案，结果，中奖的方案却是出人意料的简单：把大桥中间的隔离栏变成活动的——根据上下班的人流去向，规定上午向左移一条车道，下午向右移一条车道。结果堵车问题迎刃而解。

显然，金门大桥是“死的”（它已建成，不可能随意重建加宽），但换了一个角度想问题，即人是“活的”，于是把固定的车道变成“活动”的车道，此法后来在世界各地广为应用，效果都很不错，如我国的上海四平路过去堵车严重，借鉴了金门大桥“变道”经验，也成功解决了“堵”的问题。

人要经常多角度思考，因为多角度思考有时会发现其中蕴藏的更多机会。

蒋定飞是我国著名的民营企业家。最初他看到了民用安全玻璃的巨大商机，准备回家乡开展民用安全玻璃的生产。此举在蒋定飞的亲属中引起较大反响，并遭到大多数人的反对。他们的理由是：当地属比较落后地区，不利于企业的发展；民用安全玻璃在当地生产，纯属“冷门”。

对此，蒋定飞有自己的想法。他认为家乡的落后是暂时的，经营的人多了，就会成为经商的热土，还会得到当地政府和有关部门的大力支持；家乡这里交通水陆方便，运输成本较低；正因为民用安全玻璃生产在当地还处于“冷门”，缺乏竞争性，故才更有发展前途。后来的事实证明了他当初的决定完全正确。

蒋定飞回家乡后不久，全县兴起办企业和招商引资热潮，蒋定飞的企业得到了当地政府的大力扶持，发展得顺风顺水，产值和效益年年翻番，“冷门产业”很快成为“热门产业”。此后，他一方面不惜重金购置最先进的设备，另一方面又千方百计引进技术人才，打造品牌产品。很快，上千万元的世界顶尖设备陆续运到家乡，一些高级科技人才也被他“挖来了”。他和这些技术人员们一起日夜攻关，终于在8个多月后，一批质地优异、性能良好的民用安全玻璃生产出来了。蒋定飞成功了，民用安全玻璃知名度大增，订单纷至沓来，产品供不应求。

紧接着，蒋定飞趁机将产品注册了“海山”商标。不久，“海山”牌民用安全玻璃远涉重洋，大举销往国外，由于产品性能良好，澳大利亚、美国、日本等国的一些客商对“海山”牌民用玻璃也情有独钟。

多角度思考是需要勇气的、深厚的知识底蕴的，如果当初蒋定飞在亲友的极力反对下，没有勇气把自己的想法付诸实施，就创办不了企业，如果他没有此方面深厚的知识底蕴，也不会广招贤人，他也就不可能取得后来的成功。

多角度思考成功的例子俯拾皆是，沈阳有个王洪怀，原是拾破烂的。有一天他想到收一个易拉罐才赚几分钱，如果把它熔化了当金属卖，兴许可以挣“大钱”。于是他试着熔化了一只易拉罐，得到了一块指甲大小的银灰色金属。他又花了600元钱请有关方面进行化验，技术人员告诉他，这是一种很贵重的铝镁合金。王洪怀算了一笔账，当时市场上的铝锭价格，每吨在1.4万元至1.8万元之间，卖材料比卖废品要多赚六七倍钱。于是他马上创办了一家金属再生加工厂，为了吸引人们多售给他易拉罐，他把每只易拉罐从几分钱提升到一角四分。就这样，人们都卖给他易拉罐，他在一年内用空易拉罐炼出了240多吨铝锭，仅头三年就赚了270万元，从“拾荒者”一跃而为百万富翁。

世界旅馆业霸主希尔顿说过，“一块价值5美元的生铁，铸成马蹄铁后可值10.5美元，倘若制成工业上的磁针之类就会价值3000多美元，而制成手表发条，其价值就是25万美元之多了。”

当然，多角度思考是建立在正确的判断之上的，这其中的判断需要人们进行详细的规划和仔细的一步步思考，当然还会有眼界、知识等多方因素。所以，学会多角度思考，就能有所创新，就能不断地发现问题、解决问题，最终实现自己理想目标。

工作没有“下一次”

在某家金融公司工作的罗宾，一直是一位颇受上级青睐的员工。有一天，罗宾在给上司起草一份重要合约的时候，忽然接到一个电话，原来是他的朋友里奥纳多约他周末参加郊游活动。

罗宾挂掉电话后开始心不在焉，他在遐想郊游该有多么快乐，森林、美酒、烧烤、闲谈……对郊游，他似乎有些迫不及待了，但是手上的重要合约提醒他需要停止胡思乱想，重新投入到工作当中。可是没过5分钟，罗宾又开始想应该准备哪些野餐的食物。就这样，在不断“走神”和工作之中，一份合约起草好了。他把合同交给上司的时候，由于他平时一直很稳定的工作表现，上司大概扫了一眼，信任的就签了字，然后合约被寄出。结果是，这份合约上存在一个很隐蔽但非常严重的数据错误，导致公司亏损了几十万美元，罗宾被直接炒掉，上司也被降了级。

不可否认，上司或老板一向都很欣赏或信任那些平时表现突出的员工，就因为这样，当有些人在工作中出现错误时，教训会是严重的，因为工作没有“下一次”。人在做工作的时候，必须把手上的工作做得细致入微，否则，既耽误工作，也给个人造成麻烦，甚至出现严重不可弥补的问题。

许多成功人士在不同的行业中取得了令人瞩目的成就，问这些人为什么能取得工作上的巨大成就时，他们的答案几乎是一致的：“工作时只有一个态度，就是认真工作，去很好地完成自己的工作。”

运动员无法准确地预知未来在赛场上会发生什么事情，但他们在平日的训练时会非常刻苦；飞行员、宇航员在执行任务时会遇到不确定的事情，但他们事前仍要进行周密的准备工作。时间无法像金钱那样留存下来，既不能装进咖啡罐，也不能埋在后院里，失去了就失去了。

曾经担任英国航空部部长的比佛布鲁克对认真这种观念坚信不疑，他认为认真是工作中最重要的。他常说："我警告我的工作人员，工作中不要耍小聪明，因为没有任何想法比这更愚蠢、更不切实际了。如果你以为某人成功得很侥幸，那只是你以为，因为他为成功付出的认真代价岂是你能体会的？"

西方有句谚语："工作不认真，结果不达标。"成功永远属于那些认真工作的实干家。卓有成就的人，并非都是智力优越者，这与他们本人主观上的认真工作、不懈奋斗、勇于克服困难是分不开的。工作是一个人安身立命的根本，是养家糊口的手段，也是社会分工精细化的现实社会需求，更是一个人实现个人价值的重要平台。所以，必须善待工作，兢兢业业。

顾炎武自幼勤学。他6岁启蒙，10岁开始读史书、文学名著。11岁那年，他的祖父要求他读完《资治通鉴》，并告诫说："现在有的人图省事，只浏览一下《纲目》之类的书便以为万事皆了了，我认为这是不足取的。"这番话使顾炎武领悟到，读书做学问是件老老实实的事，必须认真忠诚地对待它。

顾炎武采取了"自督读书"的措施：首先，他给自己规定每天必须读完的卷数；其次，他限定自己每天读完后把所读的书抄写一遍。这样他读完《资治通鉴》后，一部书就变成了两部书；再次，他要求自己每读一本书都要做笔记，写心得体会。后来，他的一部分读书笔记，汇集成了著名的《日知录》一书。他还规定自己每天温课200页，温习不完，决不休息，由于他常温习读过的书籍，甚至默诵，他成为知识渊博的大学问家。

列夫·托尔斯泰写《复活》一书，写了10年，仅开头的构思就改动了20余次。我国相声语言大师侯宝林只上过三年小学，有一次，他为了买到自己想买的一部明代笑话书《谑浪》，跑遍了北京城所有的旧书摊也未能如愿。后来，他得知北京图书馆有这部书，就决定把书抄回来。适值冬日，他顶着狂风，冒着大雪，一连十八天都跑到图书馆里去抄书，一部十多万字的书，终于被他抄录到手。由于他勤奋好学，使他的艺术水平达到了炉火纯青的程度，成为有名的语言专家。

一位著名作家写道："不愿吃苦、不能吃苦、不敢吃苦的人，往往吃苦一辈子。"人只有认真做事，才能做出成绩。很多人之所以没能把事做好，没能解决好困难，往往不是因为没有能力，而是因为缺乏足够的认真。

盖尔曼是美国著名的物理学家，他在1969年获得了诺贝尔物理学奖。盖尔曼从小做事就非常认真，一丝不苟，很少犯错误。当别人做错事的时候，他会马上指出来，毫不顾及对方的“面子”。

一次，叔叔依斯雷尔来他家做客。由于依斯雷尔常常在各地旅行，孩子们都很喜欢围着他，小盖尔曼也很喜欢这个叔叔，听他讲各种各样新奇的事情。依斯雷尔也很喜欢小盖尔曼，觉得这个孩子又聪明又好学。他知道小盖尔曼喜欢搜集古代钱币，这次依斯雷尔便掏出几个钱币说：“这是提比略皇帝时候的硬币，我旅游中买来的，现在送给你了。”依斯雷尔笑眯眯地望着小盖尔曼，可是，小盖尔曼看了一会儿硬币，抬起头却说：“叔叔，你把时期说错了，这些钱币不是这个皇帝时期的。”小盖尔曼认真地把硬币举到依斯雷尔眼前。依斯雷尔一看，果然是自己说错了，硬币上不是提比略皇帝，而是另一个皇帝。他不好意思地笑了，说：“我错了，你是个认真的孩子啊。”

在学校，盖尔曼挑别人的错也是出了名的，不管什么时候，只要他发现有不对的地方就会指出来，有些被指出错误的同学非常不服气，可是往往一查证都会证明小盖尔曼说的是对的。于是大家对他很赞赏。

除了同学，盖尔曼发现老师讲课有错误，也会当面指出来。来上课的老师都笑着说：“要小心讲课，要不小盖尔曼的手就举起来了。”慢慢地，大家都很佩服盖尔曼的博学和他认真的态度，叫他“活大不列颠百科全书”。

每个人在漫长的人生中，大部分时间都是在工作中度过的，可以说工作是人生旅途的支撑点，是实现人生价值的基本舞台，认真工作，把工作做得尽可能尽善尽美，是提高自己人生价值的唯一途径。

有一句话说得好：“认真与“努力”是人生一左一右的两道风景，人的志向再高，不认真，不努力，志向不仅不能实现，也难坚守。

永远做个有心人

“有心人”和“无心人”之分，主要是针对有无思想准备而言，有思想准备，事前做了周密安排的，就是“有心人”；没有思想准备，事先不做周密规划，没有打算就行动的就是“无心人”。

工作中，我们难免会遇到很多困难。事实上，遇到困难太正常了，但只要“有心”，就能克服困难，而困难也就不会阻挡我们前行的脚步。

1921年6月2日，《纽约时报》为纪念电报诞生25周年，发表了一篇评论。评论中透露了这样一个信息：现在人们每年接收到的信息是25年前的25倍。在大多数读者眼里，这是一句普通的话，普通得甚至很多人读后就忘记了。但是，在一些喜欢思考而且眼光独特的人眼里，这却是一条极具商业价值的信息。

美国至少有16位人士立即对这一信息做出了迅速的反应，他们都准备创办一份文摘性刊物，这些人在不到三个月的时间内，分别到银行存了500美元，作为资本金，并办好了营业执照。

然而，当他们到邮政部门办理有关发行手续时，邮政部门告诉他们，由于很快就要进行总统选举，此类刊物的征订和发行暂时不能办理，开禁时间也不知道拖到什么时候。总之，在这种情况下办这样的一份刊物是不可能的，因为大环境不允许。

听到这个消息后，16个人中有15个人认为大环境对创业不利，于是他们随即递交了暂缓办理的申请。但是，一个名叫德威特·华莱士的年轻人却没有理会这些，也没有把他人那句“不可能”的话放在心上，他认为“不利因素”也可能转化为商机，这不，邮政人员一句话，就为他“消灭”了15个竞争者。

华莱士回到他租住的纽约格林尼治村的一个储藏室里，在未婚妻的帮助下，他们一共糊了2000个信封，并装上征订单寄了出去。就这样，《读者文摘》诞生了，而且很快创造了奇迹。到了20世纪末，《读者文摘》已拥有19种文字和48个版本，畅销127个国家和地区，拥有读者11亿，年收入5亿美元。

几十年以后，在美国期刊排行榜中，《读者文摘》一直牢牢坐在第一把交椅上。取得这样的成绩，证明了华莱士已把人们认为的“难事”变成了“易事”。

可见，天下无难事，只怕有心人。有句话说，细节决定成败，把细节做好，就是有心人，人要做到有心，细心、留心、专心、诚心、苦心，这五心都必须具备。细心，即指心细如针；留心，即指处处仔细观察；专心，即指专心做事；诚心，即指诚心做事；苦心，即指凡事不苦不能成就大业。

我国古代著名诗人李白，在小时候并不喜欢读书，而且还贪玩。有一天，他又出去玩了，在一条河边碰见一位老奶奶在磨铁杵，李白便问老奶奶：“老奶奶，你在做什么？”老奶奶回答说：“我在将铁杵磨成针。”李白一听惊讶地说：“那怎么可能呢？铁杵怎可能被磨成针呢？”老奶奶回答他说：“只要有恒心，铁杵磨成针。”李白听了老奶奶的话，顿时醒悟，明白了只要有心，便可以做成一件事。从此，他勤奋地读书，最终成为一代诗人，被后世赞颂为诗仙。

由此可见，只要有心，世上就无难事。如果在一两次失败的尝试后轻易得出“不可能克服难事”的结论，人类就不会有今天的高度文明了。

1878年，爱迪生决定制造出价钱便宜、经久耐用而且安全方便的电灯。首先，他用炭丝装在玻璃泡中，但是仅亮了8分钟，他后来又换了1600种材料，仍亮灯时间有限。

一次，爱迪生偶然想到用棉纱烧成炭，于是试了试。结果果然出人意料，灯泡寿命延长到45个小时。虽然这一次取得了小小的成功，可是爱迪生仍继续研究，又研制出竹丝灯泡，使灯泡寿命达到1200小时。然而，即使这样，爱迪生仍不停息，继续研究，直到1906年，爱迪生改用钨丝做灯丝，使灯泡的质量得到大提高，一直沿用到今天。

无独有偶，1897年，居里夫人对放射性物质进行研究。她为了提炼一种别人不知道的放射性物质，搞到了一吨可能含这种物质的工业废渣。她在自家院里进行冶炼、溶解、沉淀、分析。经过3年又9个月，终于在这吨矿渣中提炼出0.1克新物质，取名为镭，这项研究也让她获得了诺贝尔奖。

上面是两个科学家的故事，美国第16任总统林肯的故事也是家喻户晓。

林肯的成功就在于他从青少年时代对演讲口才进行了刻苦的训练。后来，他为了成为一名律师，常常徒步30英里，到一个法院去听律师们的辩护词，看他们如何辩论。他一边倾听那些政治家、演说家的慷慨激昂演说，一边模仿他们。回来后不仅学专业知识，同时学习他人演讲时的样子，他常对着树林和玉米反复地练习。演讲的成功使林肯不仅终于成为一名雄辩的律师并最终踏入政界，直至成为美国著名的总统。

爱迪生制造电灯，居里夫人提炼镭，林肯踏入政界，这都是因为他们不仅是有心人，而且肯为自己目标下苦功夫。人的思想就像电池，我们要利用“有心”来给它充电，让它发挥积极的功能和作用。

做工作的有心人，这样能让自己为社会做出更大的贡献。

第四章

责任担当，凡事不找借口

请只告诉我结果

下面是美国石油大王洛克菲勒曾经写给儿子约翰的一封信，在信中他告诫儿子：“如果你视工作为一种乐趣，人生就是天堂；如果你视工作为一种义务，人生就是地狱。”相信每个人看了这封传达积极的正能量人生观的信，都会从中受益。

“亲爱的约翰：

“我可以很自豪地说，我从未尝过失业的滋味。这并非我运气好，而是在于我从不把工作视为毫无乐趣的苦役，我总能从工作中找到无限的快乐。

“我认为，工作是一项特权，它能带来比维持生活更多的东西。工作是所有生意的基础，是所有繁荣的源头，也是天才的塑造者。工作使人奋发有为，如同增添生命味道的食盐。人们必须先爱它，才能得到最大的恩惠，从而获得最大的结果。

“我初进商界时，时常听说，一个人想爬到高峰需要很多牺牲。然而，岁月流逝，我开始了解到很多正爬向高峰的人，并不是在“付出代价”。他们努力工作是因为他们真正地热爱工作。任何行业中进步的人都是完全专注于正在做的事情，且专心致志，不找借口。自然也就成功了。”

洛克菲勒的这封信告诉我们：人做任何事都要坚持不懈，永远不要为“不干”、放弃找借口。生活中，工作中，我们常听到这样一些理由：上班晚了，会有“路上堵车”“手表停了”等借口；考试不合格，会有“出题太偏”“题量太大”等借口；做生意赔了本，“有谁谁没及时回款”等借口……总之，借口五花八门，久而久之，就会形成一种局面：努力寻找借口比努力工作重要，借口成为掩饰过失、推卸本应承担的责任的武器。

美国西点军校有这样一个传统，遇到学长或军官问话，新生只能有四种回答：

“报告长官，是。”

“报告长官，不是。”

“报告长官，没有任何借口。”

“报告长官，不知道。”

除此之外，不能多说一个字。比如，长官问：“你认为你的皮鞋这样就算擦亮了吗？”你的第一个反应肯定是为自己辩解：“报告长官，刚才排队时有人不小心踩了我。”但是这种回答不行，这种辩解不在那四个“标准答案”里，你只能回答：“报告长官，没有擦亮。”长官要问为什么，你只能答：“报告长官，重新去擦。”

学校之所以有这样规定，就是要让新生学会忍受不公平，学会恪尽职守，学会担当责任，学会明确表现出努力达成目标是“没有任何借口”的。因为只有秉持这种信念，才有可能激发出一个人的坚强意志，发挥出最大的责任意识。

有一次，一位连长派一个名叫赖瑞的学生到营部去公干，只有三个小时的时间，连长却交代了七项任务：有些人要见，有些事情要请示，还有些东西要申请补给，包括地图和醋酸盐，而当时醋酸盐严重缺货。赖瑞下定决心把七项任务都完成，但具体该怎么做，他心里并没有十分的把握。

果然事情进展得并不顺利，问题就出在醋酸盐上，赖瑞滔滔不绝地向负责补给的中士说明理由，希望他拨给自己一点儿，但中士不答应。赖瑞只好一直缠着他，述说着非要醋酸盐不可的理由，负责补给的中士终于给了赖瑞一些醋酸盐。

当赖瑞回去向连长复命的时候，连长没有说什么，但显然很意外赖瑞把七项任务在规定时间内全完成了。事后，赖瑞回忆说，当时在有限的时间里，根本无暇为难做的事情找借口，只能把握每一秒去争取完成任务。

赖瑞从西点军校毕业后，留校担任战略策划，同时讲授领导力及道德课程。退伍后，他担任了艾尔伯马尔学院校长。

这个故事就是西点军校“没有任何借口”的理念延伸，它让人明白，现实中不能为任何事找借口，因为找借口是不负责任的做法，而所有结果都是责任意识的体现。

西点军校不只培养优秀的军事人才，也培养出无数商界精英，那四个“标准答案”让学习过的人都受益终生。

找借口只会让人做事情松松散散，磨磨蹭蹭，不仅会分散精力，更可怕的是它能将一个人的雄心逐渐磨灭，进一步的结果便是被动地接受命运的安排，而不是主动地去工作去生活。这对于一个人想取得成功想获得幸福生活的人来说，无疑是很大的阻碍；而不找借口是取得成功的“点金术”，那些出类拔萃的人物，不找借口是他们的处事原则。

人遇困难找借口，心理上会得到暂时的平衡。但长此以往，因为有各种各样的借口可找，就会疏于努力，不再想方设法争取成功，而把大量的时间和精力放在寻找一个所谓合适的借口上，最终耽误了自己的发展和成功。其实有了问题、难题时，最应该做的是先把心态摆正，然后想法解决问题，请记住，遇到问题永远不要绝望；如果感到绝望，要立即摒弃它，迅速努力，从绝望中寻找希望的转机。

成为积极或消极的人，在于自己的抉择，没有人与生俱来就会表现出好的态度或不好的态度，以何种态度看待环境和人生绝对是你自己选择的。

巴顿将军在他的战争回忆录《我所知道的战争》中曾写到这样一个细节。

“我要提拔人时，常常把所有的候选人拉到一起，给他们提一个我想要他们解决的问题。比如有一次，我说：‘伙计们，我要在仓库后面挖一条战壕，8英尺长，3英尺宽，6英寸深。’我就告诉他们那么多。然后我走进我的那个仓库。那些人拿着工具进入我指定地点，我通过仓库窗户观察他们。我看到他们开始议论我为什么要他们挖这么浅的战壕。他们有的说6英寸深还不够当火炮掩体；还有人说，这样的战壕太热或太冷。最后，有个人对那些人下命令：‘让我们把战壕挖好后离开这里吧。那个老家伙想用战壕干什么都没关系。’说着自己干了起来，最后，那个下命令的人得到了提拔，因为我必须挑选不找任何借口完成任务的人。”

1886年西点军校毕业生、美国“铁锤将军”潘兴的一句名言是：“请只告诉我结果，不必做出更多的过程解释。”是的，工作不需要借口，只有高效而出色地完成了任务才是尽到了自己的责任。当然，无论是独立作业还是团队合作，都会难以避免产生一定的问题，那么，遇到问题怎么办呢？

（1）增强解决的自我意识，寻找方法，充分发挥潜能，无惧面对挑战。

（2）不找各种各样的借口来逃避责任，为自己开脱。

（3）面对问题，勇敢地承担起责任，从自身先寻找原因。

（4）控制自己的情绪，不让不良情绪牵住自己。

（5）进行思维的多角度转换，不紧张，运用智慧寻找解决问题的方法。

（6）靠自己不行，多向他人请教，团结的力量是解决问题的又一种方式。

人生无需任何借口，失败了也罢，做错了也罢，都是过程。而有些看似合理的借口对事情解决本身并没有丝毫的益处。许多人败在了借口上，败在了心态不正确上。

记住，无论什么工作，都需要不找任何借口地去执行。当今社会，“不找借口”这一概念的内涵已逐渐成为一种职业精神，所以，保持热情，拥有高效的执行能力，拒绝借口，多角度寻找方法，是执行者执行的第一要务。

● 把规划视为一项投资

攻读一个学位要多长时间？完成一项工作要多少时间？你能照料多大面积的菜园？你有多少个晚上能用来参加社会活动？你还想做更多的事吗？

精心制订计划，是高效工作，幸福生活、减轻负担、节省时间的关键。

我们每天的工作并不轻松，我们每天的时间并不够用，学会以一种精打细算、有效率的方式工作和学习，利用你所拥有的时间精心规划，比别人更快更好地完成工作，同时避免浪费时间，这一点非常重要。

有一位公司的经理去拜访戴尔·卡耐基。经理看到卡耐基干净整洁的办公桌感到很惊讶。他问道："卡耐基先生，你没处理的信件放在哪儿呢？"

卡耐基说："我所有的信件都处理完了。"

"那你今天没干的事情又推给谁了呢？"老板紧追着问。

"我从不将自己工作推给他人，今天我所有的事情都处理完了。"卡耐基微笑着回答。

卡耐基看到这位公司经理困惑的神态，解释说："我知道我所需要处理的事情很多，精力有限，而且一次只能处理一件事情。于是，我就按照所要处理事情的重要性，列一个顺序表，然后一件一件地处理。结果，很快就一件事一件事处理完了。"

"噢，明白了，谢谢你，卡耐基先生。"

几周以后，这位公司的经理请卡耐基参观他宽敞的办公室，对卡耐基说："感谢你教给了我处理事务的方法。过去，在我这间宽大的办公室里，我要处理的文件、信件等，都是堆得和小山一样，一张桌子不够，就用三张桌子。自从用了你说的方法以后，情况好多了，瞧，再也没有没处理完的事情了。"

这位公司的经理，就这样找到了做事的方法，几年以后，成了美国社会成功人士中的佼佼者。

高效工作，不是“胡子眉毛一起抓”，而是根据你的工作目标，把所要做的事情按轻重缓急排一个顺序，这样有助于你实现目标，并能节省时间。

“我做的每一件事都经过精心规划，否则我不可能完成每天那么多工作。”这是在密歇根州拥有将近20家家具店的坎贝尔家具公司董事长坎贝尔所说的话。坎贝尔家具公司目前的整体规模、设备和销售量已使它跻身美国最大家具公司之列。

坎贝尔成功地运用了许多重要的技巧和方法，使公司攀上了事业顶峰，其中有一门技巧就是把规划时间视为一项投资。在坎贝尔的观念里，“规划时间”就是包括将他的活动排定优先次序、分层负责，这也是一种最有效率的管理时间积极态度。

当坎贝尔只有12岁的时候，他父亲拉着他的手说：“过来，孩子，现在是我带你到外面找个兼职工作的时候了。”他父亲带他到附近熟识的杂货店，告诉店主说：“我希望你给坎贝尔一份工作。”

那位店主表现得很犹豫，他说：“店里生意并不忙，你的孩子又还小，而我也不打算雇人。”

他父亲说：“他会努力工作的，他可以做任何事，像扫地、清洁，什么事都行。我希望他可借此学习规划事物。”店主终于同意了，坎贝尔得到了这份工作，并且从那天起，坎贝尔说，他这一生就一头栽进“规划事业”里去了。

“我卖过报纸，卖过服饰，卖过家具……我有充沛的精力，我愿意做规划，让我在时间内收到更大效益。”

坎贝尔回忆道：“后来我在一间家具店找到一份工作，负责店内销售工作，正好把我过去在杂货店里学到的“规划”技巧派上用场。”

那么，如何精心做好自己的规划呢？有这样几个具体方法你可以试试：

1. 优先次序法。

排定优先次序，逐一检查你的工作，从远期到近期列出你的工作计划，如什么该在本星期之初就去做，什么可以留待稍后再做，什么应该在第二天一大早就着手去做，什么可以晚点再处理，这样可以帮助你确定已将最重要的事放在最优先的位置上。

比如，每晚工作结束后摘记下第二天工作安排中所有可以想到的事，开始问自己：“昨天该做而没做的是什么？”然后再问：“哪些事今天应该做而未做？”继续问：“明天该做的最要紧的是什么？”……这样持续修改，修改到剩下6件事为止。

2. 定期“盘点法”。

定期“盘点法”，就是从“盘点”中找时间，而“盘点”是与计划分不开的。

制订计划有两种情况，一种是漫不经心的，好像业余摄影爱好者捕捉了几个大有希望的镜头就匆忙冲洗一样，可结果往往使他沮丧；一种是严肃认真的，如同专业摄影师，不但事前认真选择镜头，而且冲洗后还要仔细研究，经过剪接、曝光等一系列工作，从中选出几张最好的，再做加工，使之成为满意的照片。

“盘点”最好每隔一段时间进行一次，只要运用得当，便能从“盘点”中挤出“时间”。

同时，为了避免繁杂的事务或者工作的盲目性，你必须做好规划，并向自己浪费时间的坏习惯挑战。所以，定期“盘点”是十分必要的。

3．克服拖拉，及时解决问题。

悬而未决的问题缠身往往会影响人的工作效率，所以搁置问题不如解决问题，尽管有的事可以暂时放下，但不能总是拖着。当你拿不定主意时，要缩小选择面，迅速做出解决的决定。

拖拉往往让人不能高效工作，拖拉会成为人思考的阻碍，所以，如果自己不能独立解决问题，请教他人也是一种及时解决问题的方法。

4．不要空想明天。

很多人时常将时间消耗在对明天的期待上，这样很容易就忘记要好好利用眼前的时光。时间是一去不复返的，与其空想未来或者设想明天的事，还不如踏实地做好“当下”的事。昨天、今天、明天中，只有今天最重要，空想明天，是自己寻找拖延的借口。

美国第39任总统吉米·卡特在入主白宫前，当过海军军官、农场主和佐治亚州州长。执政期间，他颇有一番抱负，意欲改革官场作风，接近普通群众，当一个“平民主义”总统。尽管他有些决策并不完全尽如人意，但是他精心规划做每一件事，他做事的规划性很强，他的这种风格和工作作风赢得了世人的广泛赞誉。

“他是个最守计划最重时间的人。”卡特的朋友们众口一词地这样评论他。据总统助手汉密尔顿·乔丹说：“卡特的性格是，做前制定规划，做中无论遇到什么困难，他都会立刻集中精力加以解决”。

卡特在竞选之初曾着手写他的自传，起名为《为什么不是最好的》。进入白宫后，他继续坚持对他本人和国家提出高标准要求。他在就职演说中宣称：“我们知道‘多些’未必就是‘好些’；即使我们这个伟大的国家也有其公认的局限性；我们既不能回答所有的问题，也不能解决所有的问题……总的来说，我们必须有为了共同的利益而牺牲个人的精神，去尽我们最大的努力把每一天的事情做好。”

是的，有了尽最大的努力把每一天事情做好的志向，就能规划自己的目标，就能不断对自己提出严格的高标准要求，就能有立刻解决困难的信心，就会有团结他人的诚心，就能做出令人惊叹的成绩。

要敢于接受命运的挑战

工作中，只有结果才能说明你努力的多与少。努力好比是“1”，而结果的可能性则是“1”后面的许多“0”；如果没有前面的“1”，那再多的“0”，也无异于镜花水月。

大象能用鼻子轻松地将1吨重的行李提起来，但我们在看马戏表演时却发现，这么巨大的动物，却被安静地拴在一个小桩上。因为大象自幼小无力时，就被“沉重”的铁链拴在无法拖动的铁桩上，当时不管它用多大的力气去拉，这铁桩对幼象而言，都是非常沉重的东西，幼象长大后，尽管气力增加，但只要身边有桩，它总是不敢妄动。其实成年后的象，明明可以轻易将小铁桩拉断，但因幼时的害怕意识一直保留至它长大，它习惯地认为（错觉）“绝对拉不断”，所以不会去拉扯。

《向你挑战》一书的作者廉·丹佛说：“要对自己的能力充满信心，勇于挑战生活中的一切艰难困苦。这样，我们才能顽强地去克服种种困难，发挥出聪明才智。”

罗伯特·克利斯朵夫是一位摄像师，曾是花80美元环游世界的第一人。在他年轻的时候，他像许多青年人一样，喜欢读科幻小说。当他读完儒尔勒·凡尔纳的小说《80天环游地球》后，他的想象力和内心潜在的勇气被激发了。

罗伯特告诉朋友：“别人用80天环绕地球一周，现在我为什么不能用80美元环绕地球一周呢？我相信如果我有足够的勇气，任何地方我都可以到达。也就是说，如果从我所处的地方出发，我就能到达我所想要到达的地方。比如，我可以为货轮做事横渡大西洋，再做事搭便车旅行，我相信自己环游世界能想出方法。”

朋友们笑着说：“你的想法太天真了！”但罗伯特没有理会他们的意见，而是拿出笔，在一张纸上列了一个他所能想到的在旅途中将会遇到的困难表，并仔细地写下准备怎么去着手解决每个困难的办法。

准备好之后，罗伯特开始行动了。他先和经营药物的查尔斯·菲兹公司签订了一份合同，保证为这家药物公司提供他所要旅行的国家的土壤样品；他又去考试获得了一张国际驾照，买了一套地图；他四处奔波，拿到旅行需要的各种证明。为了旅行，他想得很周全，甚至自己参加了一个青年旅游会所，获得会籍。最后，他又与一个货运航空公司达成协议，该公司同意他免费搭乘飞机飞越大西洋，只要他答应拍摄照片供公司宣传之用。

只有26岁的罗伯特完成了上述种种计划，在衣袋里装了80美元，便乘飞机和纽约市挥手告别，开始了他周游世界的梦想之旅。

在加拿大的纽芬兰岛甘德城，罗伯特吃了第一顿早餐。他不能用他仅有的80美元来付早餐费，那么他是怎样做的呢？他给厨房的炊事员照了相，炊事员请他吃了早饭。在爱尔兰的珊龙市，罗伯特花4美元买了4条纸烟。罗伯特深知，在许多国家里，纸烟和纸币作为交易的媒介物是同样便利的。从巴黎到维也纳，罗伯特送给司机一条纸烟作为酬谢。从维也纳乘火车，越过阿尔卑斯山，到达瑞士，罗伯特又把3条纸烟送给列车员，作为酬谢。在叙利亚首都大马士革，罗伯特热心地给当地的一位警察照了相。这位警察为此感到十分自豪，便命令一辆公共汽车免费为他服务。

伊拉克特快运输公司的经理和职员都特别喜欢罗伯特为他们照的相片。作为感谢，他们邀请罗伯特乘他们的船从伊拉克首都巴格达前往伊朗首都德黑兰。

在曼谷，罗伯特向一家极豪华的旅行社经理提供了一些他们急需的信息——一个特殊地区的详细情况和一套地图。为此，他受到了像国王一样的招待。最后，作为“飞行浪花”号轮船的一名“水手”，他从日本到了旧金山。

就这样，罗伯特·克利斯朵夫用84天周游了世界，并且他所有的旅费加起来只用了80美元。

很多人都喜欢旅游，但是用80美元来周游世界，大多数人可能连想都不敢想，但罗伯特却做到了，因为他敢于接受挑战，他比常人多了一份勇气。

挑战自我是一种敢于面对现实、不怕困难、勇于进取、积极争取胜利的优秀品质。在生活中，敢于挑战、不安于现状的人，能取得骄人的成就。

福特是一位了不起的人，他没有受过多少正规的教育。他在建立了自己的事业王国之后，把目光转向了制造8缸引擎汽车上。他把设计人员召集到一起说："先生们，我需要你们制造一种8缸引擎汽车。"

设计人员非常耐心地向福特解释说，8缸引擎从经济方面考虑很不合适，并解释了其中原因。但福特并不接受，只是一味强调："先生们，我必须拥有8缸引擎汽车——请你们造一个。"

设计师们干了一段时间后向福特汇报："我们越来越觉得制造8缸引擎是不可能的事。"然而福特仍坚持说："先生们，我们必须有一个8缸引擎——让我们加快速度去做吧。"于是，设计师们再次行动了。这次，他们想方设法，结果，他们的汇报与上次一样："先生，8缸引擎汽车的制造是完全不可能的。"

福特炯炯有神地注视大家说："先生们，你们不了解，我必须有8缸引擎汽车，你们研究吧，你们做一个，现在就做吧。"

猜猜接下来如何？设计师们最后制造出了8缸引擎汽车。

福特之所以能达到目标，是因为他不认为困难是“不可能克服”的。他认为，接受挑战，直面挑战，往往就能创造奇迹。

人生是由一个个挑战组成，有挑战同行的人生，会别样精彩！而没有接受过挑战的人，永远不会知道挑战过后所拥有的那种历程。

挑战，是一种抗争，更是一种不断进取的精神！

走出自己独特的路来

俗话说得好，“条条道路通罗马”，路都是人走出来的。鲁迅也说：“世上本没有路，走的人多了，也就成了路。”成功的人大多不拘于程式化，善于另辟蹊径，走出一条自己独特的路来。

司马光砸缸的故事是我们从小就耳熟能详的。

司马光自幼便聪敏好学。7岁时，便能够熟练地背诵《左传》。

有一次，他跟小伙伴们在后院里玩耍。院子里有一口大水缸，有个小孩爬到缸沿上玩，一不小心，掉进缸里。缸大水深，眼看那孩子快要被没顶了。别的孩子一见出了事，吓得边哭边喊，跑到外面向大人求救。司马光却急中生智，从地上捡起一块大石头，使劲向水缸砸去。“砰！”水缸破了，缸里的水流了出来，被淹在水里的小孩也得救了。

其实，当时摆在所有孩子面前的难题就是怎么才能够把掉进缸里的小孩从水中捞出来。然而，正是这种思维定式，让大多数的孩子都只是在想怎样让小孩从缸口出来，而让水从破缸中流出，同样能达到救人的目的，司马光正是看到了这一点，才会想出“砸缸”这个办法。此路不通换条路，一种方法不行就换种方法，这是一种变通的思维和智慧。

当今时代，竞争日趋激烈，但是几百年来，有个群体却一直在商业竞争中处于前列，那就是犹太群体。多少年来，人们一直研究和探讨犹太人的商业智慧，希望复制与借鉴，达到自己想要达到的目的。下面的故事或许能给人们一些启发：

一位犹太人走进纽约的一家银行，来到贷款部，大模大样地坐下来。

“请问先生有什么事情吗？”贷款部经理一边问，一边打量着来人的穿着：豪华的西服、高级皮鞋、昂贵的手表，还有镶嵌了宝石的领带夹子。

“我想借些钱。”

“好啊，你要借多少？”

“1美元。”

“只需要1美元？”

“是的，只借1美元。可以吗？”

“当然可以，只要有担保，再多点也无妨。”

“好吧，这些担保可以吗？”

犹太人说着，从豪华的皮包里取出一堆股票、国债，放在经理的写字台上。

“总共价值50万美元，够了吧？”

“当然，当然！不过，你真的只要借1美元吗？”

“是的。”犹太人答道。

“年息为6%。只要您付出6%的利息，一年后归还，我们可以把这些押金还给你。”

“谢谢。”

犹太人说完，签好协议，拿过一美元准备离开银行。

一直在旁边冷眼观看的分行长，怎么也弄不明白，拥有50万美元的人，怎么会来银行借1美元？他急忙追上前去，对犹太人说：“啊，这位先生……”

“有什么事情吗？”“我实在弄不清楚，你拥有50万美元，为什么只借1美元？要是你想借30万、40万美元的话，我们也会很乐意的……”

“请不必为我操心。只是我来贵行之前，问过了几家银行，他们保险箱的租金都很昂贵。所以嘛，我就准备在贵行寄存这些东西。你们的租金实在太便宜了，一年只需要花6美分。”

看，这就是一种换角度想问题的思维方式，这也正是这位犹太人独特的智慧所在。本来，贵重物品的寄存按常理应在金库的保险箱里，对许多人来说，这是唯一的选择。但案例中的犹太商人没有困于常理，而是另辟蹊径，找到把贵重物品锁进银行保险箱的办法，从可靠、保险的角度来看，两者确实是没有多大区别，除了收费不同之外。

这个犹太人通过走一条独特的路达到了自己的目的。而且，这条路还是一条比常人走的路更加经济实惠的路。

人生中，经常会有无数来自外部的打击阻碍着人的前行，但这样的打击无论对你产生怎样的影响，最终的选择权还是在你手上。有时，同样一种选择，却可以造就两种不同的人生。此路不通换条路，是智慧的表现，而如何再走更经济、更实惠的路，又考验着人们的智商、情商水平。所以，人只要充分调动大脑的力量，或许就会惊奇地发现，原来成功的道路有许多条。

成功与不成功之间的距离，并不像大多数人想象的有一道巨大的鸿沟。另辟蹊径，走出自己独特的路来，不让自己局限在某个死胡同中，就能有大的发展。

有人统计过：大多数人在思考中有90%是处于固化思考。这些人不懂多角度转换思维的益处，灵活思考对他们来说似乎很难。当然，这里面有眼界宽不宽广问题，有内心格局大不大问题，有知识渊博不渊博问题……这些人就这样一直到老，才悟到灵活思考的益处，但此时已为时晚矣。

“路漫漫其修远兮，吾将上下而求索。”在成长这条路上，人们注定要走很多条不一样的路，有时会走错路，有时会走走不通的路，如果不换路走，不会到达自己的目的地。

做价值创造型工作的人

高价值是人创造的，是社会的要求，等不来，靠不来。而处世方法、工作态度、努力程度、思维方式和心态信念等因素，决定了人能否创造高价值。

我们周围有很多这样的人，虽然他们颇有才学，具备种种能力，但是往往有些致命弱点：或缺乏创造的勇气，或只愿做像遇事谨小慎微的“安全专家”。他们对不时出现的困难、问题，不敢主动发起“进攻”，处处躲避，甚至因此放弃已规划好的计划。他们认为：自己能力不够，或解决问题不行，甚至认为“面子”重要，如果被撞得头破血流，会被他人看笑话。

结果，终其一生，他们也做不成什么大事。

一家大公司招聘人才的主管曾说：“我们所急需的人才，是那些具有进取精神，勇于创造高价值的人。”但具有讽刺意味的是，社会上很多人都是谨小慎微、满足现状、惧怕未知与挑战的人，所以，当勇于创新、敢于挑战的人出现，尽管少之又少，亦成为人才市场上的“抢手货”。

1929年出生在美国的乔·吉拉德，从懂事起就开始擦皮鞋，做报童，然后又做过洗碗工、送货员，等等。在35岁以前，他都算是一个失败者，他欠了一身的外债，连妻子、孩子的吃喝都成了问题。他先后换过40多个工作，仍然一事无成。

他还是个胆小的人，个性内向。他一直认为，自己没有与人“争”的资本，就是看戏、听讲演时，也是偷偷从后门进去，坐在最后一排。

有一天晚上，他听了一次有关“自信心”的演讲，这给他留下了十分深刻的印象，他在离开演讲厅时就下定了决心，要自信起来，摆脱眼前的困境，让妻儿老小过上幸福生活。

吉拉德去找分管报纸的业务经理，要求安排他当广告业务员，不支付薪水，只从广告费中抽取佣金。办公室里的每一个人听后都认为他一定会失败，因为这一类的推销工作是需要最积极的推销态度以及推销技巧的。

吉拉德回到自己的办公室，拟出一份名单，列出他打算去拜访的客户类别，然后，他开始拜访这些客户。

在第一天中，他和12个“不可能达成交易”客户中的3个人达成了交易意向。在其后几天中，他又做成了两笔交易。到了那个月的月底，他和名单上的11个客户达成了交易，只剩最后一位。

在第二个月里，他未做成任何交易，因为，他除了继续拜访那最后一位坚决不和他交易的客户之外，并未去拜访任何新的客户。

那个客户商店一开门，他就进去和那个商人聊天。而那位商人一定回答说：“不。”那个商人确实不想做这个买卖，但吉拉德却不放弃、一直坚持不懈。每一次，吉拉德都假装没听到商人的拒绝，第二天继续前去拜访。到了那个月的最后一天，对这位努力不懈的年轻人连续说了30天“不”的那位商人笑了。他说：“年轻人，你已经浪费了一个月的时间来求我买你的广告版面，我现在想要知道，你为什么要如此浪费你的时间？”

吉拉德回答说：“我并没有浪费我的时间，我等于是在学习，而你就一直是我的老师，我一直在训练自己的自信心。”

这位商人说道：“我也要向你承认，我也等于是在学习，而你就是我的老师，你已教会了我做事坚持到底的理念，对我来说，这比金钱更有价值。为了向你表示我的感激，我要向你订购一个广告版面，当作我付给你的学费。”

费城《北美日报》的一个最佳的广告客户就是这样被吸收进来的，而这次成功的推销也是吉拉德成为“伟大的推销员”的良好开端，后来，吉拉德成了全世界最伟大的推销员。他被欧美商界称为“能向任何人推销出任何商品”的传奇人物。

乔·吉拉德之所以取得成功，是因为他敢于自我挑战，创造高价值，他相信只要不自我设限，任何事情都不能阻止自己成功。

衡量成功的标准并不在于你每天有多少进项，而在于你真正做了些什么可以帮助自己尽快实现目标的有效方法。乔·吉拉德的故事告诉我们，一个人要想达到自己的目标，要学会把目标分解并学会如何解题。这正像一位心理学家所说：一个人可以吃掉一头大象，但他得一口一口地吃。心理学家把这样的分解过程叫作“化整为零”。

当然，每个人都在寻找方法来展示自己创造的价值和精神财富。人必须要肯定自我，这样才能勇于创造价值，千万不要因为他人的否定就丧失了自信，要做个有信心、有能力的人，也就是善于创造高价值的人。

一位美国作家讲过他的这样一个故事：

当年我与书商签订合同写一本书，只有6个月的写作时间，所以，在这半年的工作日程表上，我每天都写着“写书”两个字。

但是，6个月很快就过去了，我的书并没有写出来，书商又给了我3个月的时间。然而在这3个月的时间内，我的工作日程表上仍然天天写有“写书”两个字，书却仍然没有写出来。最后，书商无可奈何地又给了我3个月时间，不过叮嘱我，这次要是再写不出来，那我就是撕毁合同的人了。

我找到《服务于美国》一书的作者卡尔·阿尔布雷希特，向他倾诉我的苦恼，“我好像写不出书来”。他听后，教给了我一个技巧——将目标化整为零。他问我：“你准备要写多少页书？”我说：“180页。”他又问我：“你总共有多少写作时间？”我告诉他：“90天时间。”结果，他说：“很简单，你在工作日程表上写上‘每天写两页’就行了，而且要逼自己每天必须写完这两页，要是顺利的话，你每天可写上四五页。但不管是哪一天，你状态怎样，都至少要写出两页来。”就这样，我在阿尔布雷希特的指导下，仅用了1个月的时间就写出了这本书。“化整为零”真是实现大目标、创造高价值的重要技巧之一。

很多公司员工都会抱怨这样的问题：为什么营销变难了？为什么我们会觉得“越来越难以吸引用户注意力”“流量为什么越来越贵”“代言人为什么没有过去那么管用了”？

究其原因，大部分员工都在做“价值攫取型”工作，而不是在做“价值创造型”工作。“价值攫取型”工作的人是指想办法不断争取自己的储存量资源；而“价值创造型”工作的人则是采取拓展资源的方式，多方面创造高价值。

从经济学的角度看，价值是指凝结在商品中的无差别的人类劳动，任何商品的价值都由两部分构成，一部分是转移价值，一部分是创造价值。转移价值，是生产商品时所使用的生产资料的价值的转移；而创造价值是指生产商品过程中所凝结的劳动形成的价值。比如，生产一件服装，原材料花了30元，商品生产者利用原材料进行加工，耗费了劳动，这个被耗费的劳动凝结在新商品中形成的价值，就是新创造的价值。服装制成后，销售价格应该是原材料价值30元再加上新创造的价值，假定服装售价是50元，多出原材料价格的20元就是商品生产者的创造价值的货币表现。

从社会学的角度看，创造价值，就是创造财富，包括创造物质财富，而创造高价值，是社会对人的要求。

创造财富的高价值也是社会进步的要求，人们只有用积极的心态，努力拼搏，才能创造高价值，推动社会进步。任何人都要记住：高价值的创造会使个人、社会发生翻天覆地的变化。

● 做个实干家不做空想家

拿破仑·希尔说："行动和速度是制胜的关键，无论我们做什么工作，无论我们从事什么行业，无论我们做什么事情，只要我们立即行动，迅速行动，就能将计划执行、落实。如同风车只有在转动时才能磨面，轮机只有在转动时才可发电。人，只有迅速行动起来才可能有目标的实现。

有一天，父亲对大儿子说："你今天到葡萄园去松松土。"大儿子正在玩自己的事，不想停止，便说："我现在有事呢，不去。"

父亲没说话走开了。大儿子看着父亲的背影，想想，觉得自己错了，便立刻起身到葡萄园去，努力工作。

父亲又去找小儿子，对他说了同样的话：“儿啊！你今天到葡萄园去松松土。”

小儿子一口答应：“马上。我这就去。”可是，小儿子说是说，一直没动地方。

过了几个钟头，父亲到葡萄园去看。竟发现老大在园里拼命地工作，不见小儿子的踪影。显然，小儿子不守诚信，违背了诺言。

这个故事告诉我们：行胜于言。

光说不练、办事拖拉是行胜于言的是最大障碍。这类人的一个最大退路，是找借口为自己“开脱”。经常听到一些人这样说：“要是再有一些时间，我肯定能做得再好点儿。”而事实是，光说不动、拖拉大多是个人惰性所致。

电脑名人王安博士也讲过这样一件事，他说这件事影响了他一生。

这件事发生在他6岁时。有一天，王安走在院子里的树下，突然有个鸟巢掉在他的头上，从里面滚出来一只小麻雀。他很喜欢这只小麻雀，于是连同鸟巢一起带回了屋子。走到门口，他想起妈妈不允许他在家里养小动物，便轻轻地把小麻雀放到门口，然后急步走进屋内，请求妈妈的允许。

在他的请求下，妈妈答应了他。王安兴奋地跑到门口，不料，小麻雀已经不见了，他家那只黑猫正意犹未尽地擦拭着嘴。

从这件事，王安得到了一个很大的教训，只要自己认为对的事情，就不能优柔寡断，必须马上付诸行动。不能立即作决定的人，固然没有做错事的机会，但同时也失去了成功的可能。

世界上的实干家越多越好，因为空想家设想的再好，不行动也没用。人类的进步就是靠人不断实干推动的，尽管过程中会存在失败，但失败可以让人们从中获得更多的历练。

有人说，成功是多元化的，这话没错。但实干是成功唯一的阶梯，任何一个成功的人在行动的各种紧要关头，都需要具有临危不惧，不怕失败，顽强拼搏的精神，都需要在最艰难的时候，不灰心丧气，并能不断地在失败中认真总结教训，迎难而上，化失败为动力，从而增加成功的机会。

人要养成立即行动实干的习惯，首先要克服怠惰、拖拉的缺点。那么，该怎样克服怠惰、拖拉的缺点呢？以下几点可供我们参考。

1. 对目标进行合理化的思考，制定行动步骤。

对目标进行合理化的思考并加以分析，同时制订行动步骤。一旦制定，就不能有一丝一毫的犹豫，而且要坚决行动、迅速行动，如同除了穿过黑夜不能到达早晨一样，只有行动才是达到目标的唯一途径，而观望、徘徊或者畏缩，都会使人延误时间，以致使行动化为泡影。

2. 化整为零，分割清晰。

化整为零，化大为小，分割清晰，是行动成功的具体步骤。例如，想写一本200页的书稿，每天写一页，不到7个月就可完成。但若想3天就完成，就会被目标本身吓住。因此，有了要行动的目标，第一步是要分解目标，将它化成一系列小目标，再一个接一个地完成。

3. 制定具体的、有恒心的行动方案。

有目标，“动起来”最重要，但同时还需要有恒心，有持续“动起来”的毅力，这样的行动才能最终把人带向成功。

4. 不怕困难的勇气。

勇气是克服怯懦、付诸实践的能力。很多人的潜力之所以没能发挥出来，是因为自己限制了自己，“怕”字当头，若不怕，就可突破胆怯的束缚，就能充分地发挥自己潜力，面对困难也不会轻易退缩。

5. 心态要保持昂扬的状态。

人的心态很重要，在做事时，要让自己的心态始终保持昂扬的状态，不可起伏不定，尤其遇困难时，不能泄劲；而遇小成功，不能沾沾自喜，不能骄傲，要做到胜不骄，败不馁，永葆良好的精神状态。

6. 限定时间完成任务。

给自己限定时间完成任务，这样会产生一种时间紧迫感，会有效地克服拖拉、怠惰以及各种消极的问题。

7. 把时间视为财富，每天做结算。

最好每天在工作前问问自己："我今天将要面临的最大问题是什么？今天工作做到什么程度？如果做不完，是加班做，还是放到明天？"

而每天睡觉前，要做个小总结，看看这一天工作哪些是超额完成的，哪些出现了问题没有解决的，哪些是明天必须做完的。养成了珍惜时间的习惯，把时间视为财富，就不会再有怠惰和拖拉的问题了。

所以，如果你时时想到“时间宝贵”，就会完成很多事情；如果常想“有很多天”或“以后有的是时间”，那就会怠惰或拖延。再有，今天可以做完的事情一定不要拖到明天，对于想到之事，立即执行是关键。

勤奋是补拙益智的助推剂

爱因斯坦说：“在天才和勤奋之间，我毫不迟疑地选择勤奋。她几乎是世界上一切成就的接生婆。”

在美国，有一个人在一年之中的每一天里，都几乎做着同一件事：天刚刚放亮，他就伏在打字机前，开始一天的写作。一年之中，他只有三天的时间是不写作的，也就是说，他只有三天的休息时间。这三天是：他的生日、圣诞节、美国国庆节。

而他勤奋的结果就是他成为了著名的作家。这个男人名叫斯蒂芬·金，是世界著名的恐怖小说大师。

斯蒂芬·金的经历十分坎坷，他曾经潦倒得连电话费都交不起，电话公司因此掐断了他的电话线。后来，他成了世界上著名的恐怖小说大师，整天稿约不断。常常是一部小说还在他的大脑之中酝酿着，出版社就把高额的订金支付给了他。而他的每一天，便在勤奋的创作之中度过。

勤奋是实现理想的奠基石，是补拙益智的催化剂，是通向成功彼岸的桥梁，是人生航道上的灯塔。成功属于珍惜时间、爱惜光阴、勤奋不止的人，属于脚踏实地、坚持不懈、持之以恒的人，属于勇于探索、不断创新的人。

因为勤奋，安徒生从一个鞋匠的儿子成为童话之王；因为勤奋，罗曼·罗兰写就了《约翰·克利斯朵夫》这部脍炙人口的著作；因为勤奋，巴尔扎克给人类留下了宝贵的文学遗产——《人间喜剧》；因为勤奋，爱迪生有了1000多种伟大的科学发明；因为勤奋，爱因斯坦创立了震惊世界的相对论。

很多人认为拥有天赋就拥有了一切。殊不知，勤奋又踏实肯干的平凡人，比天才更易出成绩。人的天赋如果不和勤奋联系起来，那么，对个人和社会来说，创造的价值就太低了。

在人的一生中，每天都应有自己的产出。比如，当你还是一个学生的时候，你的产出可能是10个英语单词、5个数学公式、熟悉一个历史事件，或者是了解某个哲学家的思想。离开学校之后，你的工作就是产出：你的产出可能是策划和主持一个大型的活动、决定一个工程的投标、发布10条命令，或者是负责开发一个最新的产品、为经理提供某些数据、敲1000次计算机键盘，或者排除一个故障。但无论你在哪里，必须凭借勤奋才能做出自己的贡献。

汤姆·布朗这样讲述道：

“我叫汤姆，天性笨拙，这一点在我大学毕业时我的导师威尔先生对我就是这样评价的，但他又说我是一个勤奋的人。威尔先生常说‘勤能补拙’。他说如果一个人勤奋，往往就暗示了这个人可能是笨拙的。他常常说‘勤奋的品质是上天给笨拙之人的一种补偿’。我相信我就是得到这种补偿最多的人。

“在大学毕业这一年，我接受威尔先生的推荐到安东律师事务所应试，这是伦敦最著名的一家律师事务所，很多日后成名的大律师，都是在这家事务所里接受最初的训练而走上成功之路的。这里的工作以严格、准确和讲求实效而著称。

临出门前，母亲告诉我，要学得聪明些，不要呆头呆脑得让人看作傻瓜。母亲说，这也是父亲的想法。这么多年来，我第一次发现父亲对母亲的话持赞同的意见。平日，他们总要为哪怕一个词的细微差别辩论上半天。我吻了吻母亲的前额，轻声地说："我会做好的，请放心吧。"但实际上，直到我迈进那个事务所的大门心里还是一片茫然：怎样才算显得聪明呢？

"来应试的人很多，他们个个看起来都很聪明，我努力地让自己面带微笑，面试官们个个表情严肃，忙着把一大堆资料分发给我们，不多说一句话。

"发给我们的资料是很多庞杂的原始记录和相关案例及法规，面试官们要求我们把它们在适当的时间内整理出一份尽可能详尽的案情报告——其中包括对原始记录的分析，对相关案例的有效引证，以及对相关法规的解释和运用。这实际上是非常枯燥的工作，需要耐心和细致。威尔先生曾经为我们详细讲解过从事这种工作的规则，并且指出，这种工作是一个优秀律师必须要能出色地完成的。

"我周围的人看起来都很自信，他们很快就投入到起草报告的工作中去了；我却在翻阅这些材料时发现了一些问题。在我看来，原始记录一片混乱，并且与某些案例和法规毫无关联，于是我首先把它们一一甄别，然后再起草报告。时间在一分钟一分钟地流逝，我的工作进展得十分缓慢，我不知道要求中所说的“适当的时间”到底是指一个小时还是两个小时。我发现，如果让我完成报告，可能至少需要一个紧张的晚上；可是，周围已经有人完成报告交卷了。他们与监考人员轻声的交谈声几乎使我陷入了绝望。

“越来越多的人交卷了，他们聚集在门外，等待所有的人都完成考试后，听取事务所方面关于下一步考试的安排。当时，我也认为安东律师事务所的考试不会只有这一项。他们一起议论的‘嗡嗡’声，促使屋子里剩下的人都加快了速度；而我，脑子里竟开始一遍又一遍地想着母亲的忠告：要学得聪明些。可我怎么才能聪明些？我干不下去了。

“终于，屋子里只剩下我一个人在面对着只完成了1/3的报告发呆。一个男人走过来，拿起我的报告看了一会儿，然后告诉我：‘你可以把材料拿回家继续写完它。’

“我抱着一大堆材料走到已经早出去的那一群人中间，他们看着我，眼睛里含着嘲讽的笑意。我知道，在他们看来，我是一个要把材料抱回家去完成的十足傻瓜。

“我回到家，开始整理材料，我要不断地克服经常冒出来的沮丧情绪，说服自己完成报告，第二天我把写好的报告送到事务所。

“事务所里一片忙碌。那个男人接待了我，他自我介绍说是尼克·安东，事务所的主持人。他仔细翻阅了我的报告，然后又询问了我的身体状况和家庭情况。在这段时间里，我窘迫得不知所措，回答他的问话时显得语无伦次。但在最后，他站起来向我伸出手，说：‘祝贺你，年轻人！你是唯一被录取的人，我们不需要自认为聪明的人，我们需要的是能勤奋工作踏实工作的人，能把工作做到极致，做出尽可能详细报告的人。’”

汤姆·布朗的故事是值得每一个年轻人思索的。如果你勤奋，你所播下的每一颗种子，就会发芽并带来收获。勤奋是人必须好好培养的美德，你应该使勤奋变为做事的必要因素，因为以勤奋的心态进行高品质工作，会为自己带来更高的荣誉。

天道酬勤！勤奋会使人获得自己想要的东西，勤奋工作是成功的捷径。

主动去创造机遇

人要成功，就得主动去创造机遇，发现机遇。机遇不会是凭空得来，人不寻找，不创造，即使到了你眼前，你也不会抓住它。有些人以为找“靠山”能得到机会，可能性有，但大概率是不行的，这是一种误区，因为靠人不如靠己。

事实证明，成功者，大多是主动去创造机遇的人，他们比起一般人更吃得起苦、更努力、更勤奋，而且，他们想的会比别人多，做得也比别人多。所以，成功的机遇不是等待，是要主动去追求，主动去创造。

生活中，我们常常可以听到有些人抱怨命运女神忽略了自己，还有些人抱怨一辈子碰不上机遇。其实，机遇对每一个人都是公平的，不存在厚此薄彼的问题。就像阳光雨露会播撒到大地上的每一块地方一样，有无机遇，关键是人在面对机遇时能不能真正把握住。

一位著名的击剑运动员，在回答他一生中最让他受益匪浅和难忘的人和事是什么时，他的回答是：母亲给他的一句话。

他是这样讲述的：

“那时，我刚刚18岁，血气方刚，正在练习击剑，当我还没刺到对方身上时，对手的剑就触到了我身上。‘唉，谁叫我的剑太短了！’

“‘不，儿子，你前进一步，你的剑不就长了吗？’这是我母亲的回答。”

这个小故事启示我们：机会是自己创造的，不要怨天尤人，因为命运其实就掌握在你手中。

当然，机遇大多是不以人们意志为转移的，它有一定的不确定性，经常是无法捉摸和不可预料的。但只要留心，注意捕捉或创造，同样会享受机遇带来的欣喜。

机遇时刻存在着，有心人对机遇，就像有经验的船夫善于利用风一样，两者之间似乎有一种默契；而无心的人对机遇毫无知觉，甚至不会很好地利用，有时机遇来到眼前，也不能及时地抓住，而是常常让机遇白白地跑掉。

著名音乐家贝多芬未成名时，曾拜访过著名音乐家莫扎特，希望他帮忙引荐一下自己，但莫扎特不轻易给别人写引荐信，于是贝多芬打算通过自己的音乐才华使莫扎特帮助自己。当时莫扎特正与别人聊天，他顺手递给贝多芬一首曲子，要他弹奏一下。此时的贝多芬坐在钢琴前面，心里想："我的琴声难道真的吸引不了莫扎特？我一定要把他的注意力给吸引过来。"

于是贝多芬开始在原有的乐谱上发挥，激扬的琴声果然把莫扎特吸引过来了。弹奏完毕，他又递给莫扎特一张乐谱，说："这是我近日创作的一首主题，你根据这个主题弹一首即兴曲。"贝多芬仔细看了一下，就开始弹了起来。"太好了！太好了！"莫扎特听后非常高兴。贝多芬乘机向他提出写引荐信的事，莫扎特满口答应。贝多芬把握住了与莫扎特会面的这次机遇，他成功地得到了莫扎特的赏识以及推荐，在日后成为著名的作曲家。

现实中有些人因为不能很好地把握住机遇，不会创造机遇，成了他们难以成功的原因之一。那么，现实中，为什么有些人会常常抓不住机遇，为什么有些人不会创造机遇，经过深入研究，拿破仑·希尔发现，原因主要有以下几点。

1. 不重视机遇。

许多人对把握机遇、创造机遇的重要性认识不够，认为成功与否完全在于自己的主观努力，忽视机遇对成功的客观制约因素。

2. 缺乏主动行动的魄力。

许多人虽然懂得机遇的重要性，却不善于认识机遇、辨别机遇和利用机遇。结果，有时机遇来了，由于准备不充分，也常常会导致对机会视而不见，与之失之交臂。

3. 缺乏果断的魄力。

有些人由于对自己缺乏自信，因而，有时机遇来了也迟疑不决，犹豫不定，缺乏主动性和积极性，结果坐失良机，使自己永远与机遇无缘。

一个人要抓住机遇，创造机遇，首先要认识到机遇对事业、对人生的重要性，要研究机遇的特点和出现的方式，积极地捕捉机遇，争取机遇，制造机遇，绝不应在机遇到来时行动迟缓，疏于决断，造成一时甚至一生的缺憾。

机遇的制造也很关键，很多人说我怎么制造机遇呢？例如，工作中有不少人由于自卑或不自信等方面的原因，常常在许多可以锻炼或展示自己的场合，不敢站出来让自己处于众人的目光之下，不敢大声发表自己的意见，不敢带头做一件事情，这样也就自然失去了很多脱颖而出的机会。

当然，制造机遇、抓住机遇，还意味着需要利用机遇。有些人不懂得利用机遇，因为机遇并不是像和你好一样，你希望什么时候来，它就会如期而至的。当然，机遇也不可能无缘无故地从天而降，不可能像路标一样，就在前面静静地等着你。机遇具有隐蔽性，机遇具有潜在性，机遇具有选择性，它只垂青那些追求它、创造它的人。

还有，机遇与挑战常常伴生，所以，如果没有准备好，不敢挑战，有机遇也利用不上。

但有的人给他人展现的是他们的机遇特别多，为什么呢？他们有自己的一套接近机遇、创造机遇的方法，下面我们不妨借鉴一下。

1. 机遇来临时要果断行动。

有道是："机不可失，时不再来。"在患得患失之际，机遇常常与人擦肩而过，因此，我们在平时就应养成主动接受挑战的精神，在机遇面前，当仁不让。

2. 积累自己的才能，才能抓住机遇。

什么是机遇？有一种说法是，机遇是替自己的才华安装的聚光灯。这说明，要抓住机遇，积累自己的才能很重要，这样，机遇光临时，就能充分施展才能，表现出高效的行动能力。

3. 敢冒风险，机遇便会大大增加。

要想抓住机遇，有时需要冒一定的风险。俗话说："不入虎穴，焉得虎子。"机遇往往是同风险叠合在一起的。当然，敢冒风险的人不会个个成功；但成功者之中，很多是因为他们敢于冒险做事。

德国著名元帅隆美尔是一个善于创造机遇的人。1941年2月，当他来到北非的时候，看到的是一群群毫无斗志的军人。而新到的德军只有一个装甲团和一些在运动战中发挥不了作用的部队。在这个时候，隆美尔打破了一般人的想法，在部队没有全部到齐的情况下挥师东进，把英国人吓得一路溃败了

800公里，还俘虏了著名的以3万英军大败8万意军的英国中将奥康纳。

此后，隆美尔还顺利帮助了墨索里尼，从中将升至上将再升至元帅。如果隆美尔在作战时，不是抓住机遇快速进攻，而是等待部队到齐后再进攻的话，那么，他就不会取得战役的胜利。由此可见，我们在任何时候都应该坚持不懈地寻找机遇，抓住机遇、创造机遇，只有这样，我们才有提升自己发展的可能。

工作中，很多人不敢去承担棘手的工作，或是不愿着手去全力以赴解决问题，还有些人对棘手工作予以放弃，这都是不对的，因为天上不会掉馅饼，越是棘手的工作越要寻找机遇、创造机遇，而这越能显现出一个人解决问题、处理问题的能力。

第五章

责任效应，一切皆有“可能”

• 养成节约时间的习惯

时间对于每个人来说都是公平的。那些成功的人，并不是每天拥有48个小时的人。想要取得非凡的成就，必须充分利用每天中的每一点零散时间。

时间就像水珠，一颗颗水珠分散开来，微不足道，可以被晒干，变成烟雾飘走；但集中起来，则可以汇成溪流、汇成江河。时间对每个人都是有限的，而且不会增加。因此，如何更有效地利用时间非常重要。下面是几种充分利用时间的方法，对于我们养成节约时间的习惯非常有帮助。

1．遇事“三问法”。

这种方法的要旨就是以尽可能少的时间办尽可能多的事情，从中节约时间。

有一次，德国化学家李比希去英国考察，到一家工厂参观绘画颜料“柏林蓝”的配制过程。他见工人们先用药水煮动物的血和皮，调制成“柏林蓝”的原料；然后，把原料溶液放在铁锅里再煮，并用铁棍长时间搅拌，边搅边把铁锅捣得“咔咔”响。

李比希感到很奇怪，一个工头向他解释道：“搅拌锅里的溶液，一定要用铁棍搅；而且发出的声音越大，‘柏林蓝’的质量越好。”李比希笑道：“其实不需要这样做，只要在‘柏林蓝’原料里加点含铁的化合物就行了。用铁棍使劲捣，无非是把锅上的铁屑蹭下来，使它与原料合成‘柏林蓝’。这样虽然是可行的，但太浪费时间啦！”

李比希用自己的知识解决了工人的问题，节约了时间。

由此看来，遇事三问，进而采取正确的工作方法，改变不科学的工作程序，可以从“时间中节约时间”，从“时间中找时间”。

遇事三问的具体方法是对遇到的事情有针对性地提出三个问题：一是能不能取消它？二是能不能与别的事合并？三是能不能代替它？

2．定期“盘点法”。

定期“盘点法”就是从“盘点”中找时间，通过盘点、找出自己使用时间的不合理之处，从而提高做事效率。

车胤年轻时就很懂事，也能吃苦耐劳。他因为白天要帮家人干活，就想利用漫漫长夜多读些书，好好充实自己；然而，他家境清贫，根本没有闲钱买油点灯，有什么办法可以弄到光呢？

一个夏天的晚上，他看见几只萤火虫在飞舞，点点萤光在黑夜中闪动。于是，他想出了一个好法子：他捉来许多萤火虫，把它们放在一个用白夏布缝制的小袋子里，因为白夏布很薄，可以透出萤火虫的光，他把这个布袋子吊起来，就成了一盏照明灯。此后，车胤“借光”不断苦读，终于成为著名的学者，后来还成了一名深得人心的官员。

3．交叉输作法。

交叉输作法，是借鉴农业方面交叉输作以提高产量的方法，比如，把一天的活动内容交错进行安排，以提高工作效率。

鲁迅十二岁在绍兴城读私塾的时候，父亲正患着重病，两个弟弟年纪尚幼，鲁迅不仅要经常上当铺，跑药店，还得帮助母亲做家务；为免影响学业，他必须作好精确的时间安排。

每一天，鲁迅都在挤时间。他说：“时间，就像海绵里的水，只要你挤，总是有的。”鲁迅交叉着安排自己学习、做家务的时间，因为时间对他来说，实在非常重要。

上面是三个节约时间提高效率的方法，其实挤时间方法还有很多方法，只要养成好的习惯，节约时间是能找出来的。

美国著名科学家富兰克林曾经说过：“你热爱生命吗？那么你就别浪费时间，因为时间是组成生命的材料。”诚然，一个人生命的价值在于他为社会创造的价值，但这种创造的价值却是随着时间的延续来实现的。试想，历史上那些为人类创造出许多物质财富和精神财富的科学巨匠文艺大师，哪一个不是通过“惜时”把自己的人生体现得丰富而有意义呢？但是，工作中，有很多人有不知不觉浪费时间的弊病，那又该怎么办呢？

1．正确认识时间的重要性，有效地利用时间、珍惜时间。

2．充分利用休息和空余的时间，不浪费一分一秒。

3．不过分聊天，尽量做到松弛有度。

4．不无节制地看电视，玩手机。

5．做任何事要有计划，最好事先做计划表。

6．学会优先排序法，尽量把重要的事情先做。

7．不去空想明天，不做拖延等待之事。

富兰克林说：“我把整段时间称为‘整匹布’，把点滴时间称为‘零星布’。做衣服有整料固然好；整料不够，就尽量把零星的用起来，天天二三十分钟，加起来，就能由短变长，派上大用场。”这是成功者的秘诀，也是我们学习借鉴的好方法。

时间是一去不复返的。因此，我们对时间要珍惜，不要浪费，要合理使用而不能毫无计划，要使时间的可利用性增加，使时间真正为我们所用，创造高价值的效率，而零碎的时间也是一座宝藏！只要你利用好1分钟，5分钟，10分钟，就等于创造了时间。

富兰克林曾经接到一个青年人的求教电话，并与那个向往成功、渴望指点的青年人约好了在自家见面的时间和地点。当那个青年人如约而至时，富兰克林的房门大大地敞开着。眼前的景象令青年人很意外——富兰克林的房间里乱七八糟，一片狼藉。

没等青年人开口，富兰克林就打招呼道：“你看我这房间太不整洁了。请你在门外等我一分钟，我收拾一下，你再进来吧。”一边说着，富兰克林一边轻轻地关上了房门。不到一分钟的时间，富兰克林又打开了房门，并热情地把青年人让进客厅。这时，青年人的眼前展现出另一番景象——房内的一切已变得井然有序，而且摆着两杯刚刚倒好的红酒，没等青年人把满腹有关人生和事业的疑难问题讲出来，富兰克林就非常客气地说：“干杯，你可以走了。”

青年人手持酒杯一下子愣住了，既尴尬又非常遗憾地说：“可是，我……我还没向您请教呢……”“这些……难道还不够吗？”富兰克林一边微微笑着，一边扫视着自己的房间，轻言细语地说：“你进来又有一分钟了。”

“一分钟……一分钟……”青年人若有所思地说，“我懂了，您让我明白了一分钟的时间可以做许多事情、可以改变许多事情的深刻道理。”

富兰克林笑道：“上天给你的生命只不过是许多分钟而

已。你必须要好好利用每一分钟。”青年人把杯里的红酒一饮而尽，向富兰克林连连道谢后，开心地走了。

时间永不休止地流动着，后一秒总能把前一秒推入无底的深渊。时间不会因你而停留，它永远不间歇地向明天挺进。每个人自出生的那一刻起，就坐上了时间的列车，直至驶向终点。而我们坐在列车上的那段时间，也许只是短短的一瞬间，也许要过漫长的许多年，但不抓紧时间的每一秒钟，就会虚度一生。

时间也是一种财富

俄国著名诗人普希金曾经写过一首诗——《生命的驿站》。在诗中，他为我们描绘了这样一幅生动的画面：一位白发苍苍的老人，赶着一辆满载旅客与货物的驿车，在路上飞驰。他穿过茫茫的大森林，跨过滚滚的河流，跑过芬芳的花园和草地，迈过泥泞的小道和沼泽，向着终点站一刻不停地驶去。那位老人就是时间，而车上坐着的，有你，有他，也有我。

小额投资即可致富是个浅显的道理，然而，很少有人注意，提高时间的质量对人的成功也是有很大作用的。一位著名的美国学者说：“提高时间利用的质量让自己的付出更有价值，这是人人应学会投资时间的功课。利用好时间的重要性和成功的价值并不见得成正比，但有时偶然的、意想不到的5分钟就可能影响你的一生。”

美国近代诗人、小说家和出色的钢琴家艾里斯顿对提高时间利用的质量方法和体会颇值得借鉴。他在自传中写道：

“那时我大约只有14岁，爱德华是我的钢琴教师。有一天，他给我授课的时候，忽然问我每天要花多少时间练琴？我说大约每天三四小时。

“‘不，不要这样！’他说，‘你将来长大以后，每天不会有长时间的空闲。你要提高时间利用的质量，比如一有空闲就几分钟几分钟地练习，比如在你上学以前，或在午饭以后，或在工作的休息时间，5分钟、5分钟地去练习，或把小段练习时间分散在一天里面。这样，提高时间利用的质量就成了你日常生活中的一部分了。’

“后来我在哥伦比亚大学教书的时候，我想兼职从事创作。可是上课、批阅卷子、开会等事情把我白天、晚上的时间完全占满了，差不多有两个年头我一字不曾动笔，我给自己的借口是没有时间。后来我想起了爱德华先生告诉我的话，到了下一个星期，我按照他的话开始行动，每天只要有5分钟左右的空闲时间，我就坐下来写作，有时写100多字，有时写短短的几行。

“出乎意料，到了那个星期天，我竟积累了相当多的稿子可供我做修改。后来我又用同样积少成多的方法创作一部长篇小说。我的本职工作虽一天比一天繁重，但是每天仍能找出许多可利用的短短余闲。我还经常练习钢琴，让自己劳逸结合，我利用提高时间的质量一直做到了今天。”

时间对于每一个人来说都是公平的，能不能在同样多的时间里创造出比别人更多的价值，关键看你能不能有效地利用你的时间，特别是那些看起来不起眼的零散时间。所以，聪明的人总是提醒自己，要尽量提高时间效率，争取在有限的时间内干更多的事情。

每个人每一天只有1440分钟，你的态度决定了你将怎样去利用它。不论昨天曾发生过什么事，也不论明天即将发生什么，你都应永远置身于“现在”。有人说过：“上天给你的生命只不过是许多分钟而已，你必须要好好利用这些分分钟钟。”而提高实效，就是珍惜时间，就是把握好每一分钟，雷巴柯夫说：“用分钟来计算时间的人，比用小时计算时间的人，时间多59倍。”

你看过船夫拉纤的情景吗？那真是生活中最惊心动魄的一幕！波涛滚滚而下，木船逆流而上，纤夫紧紧地拽着纤绳，喊着号子，踏着沙石，拼命向前迈进。没有彷徨，没有懈怠，更没有停留和后退。因为只要稍微放松手中的纤绳，木船就会一泻千里，后果不堪设想。每个人都是生活在江河中的一只小船，而纤夫是谁呢？正是我们自己。

有些人时常感叹，不知怎样有效利用时间，现实中，善于有效利用时间财富的人确实很少，他们让大把的时间白白流走！很多人总觉得自己拥有非常充裕的时间，再怎么浪费也用不完！可是，等将来某一天觉得时间毫不留情地匆匆而过时，忽然觉得时间是如此的宝贵，悔之晚矣！

金钱财富是一种有形的东西，在消耗时能引起人们的警觉，而时间财富则是一种无影无踪的东西，如果你不时时提醒自己，它向前流失的速度之快根本不会引起你的警觉。

所以，在对待时间的问题上，有一点是应该注意的：不要把“空闲的时间”变成“空白的时间”。例如，你和某人约好12点在某地相见，但你却在11点离开家门，准备顺道赶在12点之前拜访其他两三位朋友。但是不巧的是，这两三位朋友都不在家，你该怎么办？到咖啡馆内将这段时间虚耗掉？还是到附近的商店里去溜达？真正想有所作为的人，绝对不会这么做。他们会到咖啡馆，认真看看书，写写东西，抓紧干点力所能及之事，或有效地利用这些不是很大块的时间做点别的事，这样，才不会浪费时间。

一个人如果连片断的时间都能有效地利用，他对时间就一定能更好地把握。如果一个人认为片断的时间没有什么用处，而轻易浪费，那么，事后想要再将它们追回来就非常困难了，所以一分一秒都得有意义地加以利用。

你能详细指出你今天的每一分钟，或者每一个钟头里都做了些什么事吗？其中有多少时间是用在有意义上或有用的事物上？又有多少时间是花费在可以为你产生满意的投资回报率的活动上？更重要的是，你知道你今天究竟浪费了多少时间？

奥格·曼狄诺认为利用提高时间的质量可做更多的事，所以不要让时间轻易溜走，他认为可从以下七个方面来约束自己：

1. 严格要求自己对时间把控。

既要抓紧时间的“纤绳”，也不能让“时间”放任自流。有的人明知道放纵不好，但他们常常这样想：“先放纵自己一段时间，待以后再抓紧也不迟。”然而，放纵惯了要回过头来，再抓紧时间，那是很难的，需要付出十倍、百倍的代价。因为你已经习惯了顺流而下；还有，你已经倒退了一段路程，要赶上前进的人群，走在时代的前列，谈何容易！

2. 必须有战胜自己弱点的决心。

一个坚强有力的人，才是一个能战胜自己的人。人要经常反省，要纠正偏见，改正不良习惯，克服弱点，控制情绪……总之，就是不要被自己的弱点牵着鼻子走，而是要有战胜自己弱点的决心，像经常埋怨、叹息、绝望、后悔、急躁等，都是毫无用处的。

3. 培养抓紧时间的自觉性。

托尔斯泰有一条生活准则：“要有生活目标——一辈子的目标，一段时期的目标，一个阶段的目标，一天的目标，一个小时的目标，一分钟的目标，还得有为大目标牺牲小目标的精神。”即讲明人要培养抓紧时间的自觉性，不浪费一分一秒。

4. 利用最佳时间。

一个人在一天24小时中，身体和精神状态各不相同，而不同的人又有差别。劳逸结合、适当休息对于高效工作十分重要。需要注意的是，不能把休息仅仅理解为睡眠，休息还包括文娱体育活动、散步、旅游等有益于身心的活动，锻炼身体也是一种积极的休息。

有的人早晨精力好，有的人可能晚上精力好；有的人凌晨起床后半小时最容易激发创新意识；有的人喜欢把重大问题放在早饭后考虑；有的人擅长连续思索，思绪高潮往往在连续思索开始后一小时左右出现。我们把工作效率最高、能动性最强的那段时间称为最佳时间。每个人都应从自己的具体情况出发，尽量将高质量的“时能”提供给最重要的需求，最大限度地开发和利用“时间能源”。

人要改掉消极和错误的时间观念，比如，有些人深信“这只是时间问题”“岁月不饶人”“时间是最好的试金石”一类的说法。在这种人心目中，时间犹如驾驶员，而他们则好像是乘客！还有些人该需要时间休息，却晚睡熬夜；明明下一班6点5分的班车有座位，但是却仍赶5点45分拥挤不堪的班车。

这些人就是颠倒了利用正确时间的意识，把自己会搞得疲惫不堪。

另有些人不会管理时间。比如，长时间地沉迷于工作，成为所谓的“工作狂”。据有关机构统计调查显示，每周工作时间超过55小时、甚至60小时的人大有人在。令人感到奇怪的是：这些长时间工作的人，大多数都不认为自己工作过长。事实上，这些人只有等到心脏病突发、太太闹分居或子女有意见时，才领悟到自己的工作时间过长。

一位著名的学者在纽约讲课的时候，曾问班里的学生有没有去过尼亚加拉瀑布。令人意外的是，摇头的学生占了相当高的比例，学生们的道理也很简单：“因为近，反正什么时候去都成，所以一直拖下来。”而令人惊异的是，很多学生多半去过需要几天车程的佛罗里达或更远的夏威夷。

认为时间多的人的口头语常常是：

“不急嘛！时间还多！”

“不急嘛！还有一些时间！”

“不急嘛！大概正好可以赶上！”

“不急嘛！如果运气好，还不会迟太多！”

“不急嘛！别的人也不可能准时！”

最后则是：“不急嘛！反正已经迟了！”

美国的时间管理之父阿兰·拉金提醒人们：“一个人只有善于利用时间，善于针对问题投入时间，才能够提高时间效率。”

总之，当你不知道自己为什么忙碌的时候，你的时间投资多半是没有成效的。所以，只有科学地利用时间，才能让你的每一寸光阴发挥出更大的价值。

专心专注才能做大事

牛顿是世界一流的科学家，然而，当有人问他，到底通过什么方法做出这些非凡的成就时，他诚实地回答说："专心和专注研究一项课题。"

中国古代有一个下棋能手名叫秋，他的棋艺非常高超。秋有两个学生，一起跟他学习下棋，其中一个学生非常专心，另一个却不这样，他认为学下棋很容易，因而不认真。老师讲课的时候，他虽然坐在那里，眼睛也好像在看着棋子可心里却想着："要是现在到野外射下一只鸿雁，美餐一顿该多好。"因为他总是胡思乱想心不在焉，老师的讲课基本没听进去。

结果，虽然两个学生同是一个名师传授，但是，一个进步很快，成了棋艺高强的名手，另一个却没学到一点本事。

现今，很多人有一种错误的观点，以为天才不需要专心专注，有些人甚至以为，专心专注的人是刻板之人。这是极其幼稚的看法，实际上，天才除了全身心地专心专注于自己的目标、进行忘我的工作以外，与常人无异。大律师罗弗斯·乔特说：“把希腊字母扔在地上，看看它们能不能自动组合成伟大的史诗——《伊利亚特》，不能！”

英国画家密莱斯，作画时专心致志，似乎置身于世界之外。“我实际上比任何一位在田野里耕耘的农夫都更苦更累。”他说，“我对所有年轻人的忠告是：‘专心专注地工作吧！’人不可能都是天才，但是倘若专心专注，天赋即使不高，人不绝顶聪明，也会做出有出息的大事来。就我所知，在任何知识领域，从来没有哪一本书、哪一种文学作品或者哪一种艺术流派，没有经过长期专心专注的创作就能获得流芳百世的名声。天才需要专注和专心。”

从前，波兰有个叫玛妮雅的小姑娘，学习非常专心。不管周围怎么吵闹，都分散不了她的注意力。一次，玛妮雅在做功课，她姐姐和同学故意在她面前唱歌、跳舞、做游戏，想看看她是否还能专心专意做功课。但玛妮雅像没看见一样，仍在书桌旁专心地看书。姐姐和同学想更近试探她一下。她们悄悄地在玛妮雅身后搭起几张凳子，只要玛妮雅一动，凳子就会倒下来。时间一分一秒地过去了，玛妮雅读完了一本书，凳子仍然竖在那儿。从此姐姐和同学不再逗她了，开始像玛妮雅一样专心读书，认真学习。玛妮雅长大以后，成为一个伟大的科学家。她就是居里夫人。

当有人称爱迪生是个“天才”时，他却解释说：“天才就是1%的灵感加上99%的汗水。”“爱迪生14岁时我就认识他，”一位爱迪生的朋友说，“就我所知，他从来没有一天是无所事事地度过的。我经常发现，他专注读机械、化学、电工方面的书，并熟练地掌握了这些知识。以使自己在此方面有敏锐的观察力。所以，除了睡觉，他一直专心专注做他想做的事。”

古人说：“出乎其外，如乎其内”，即说如果专注于某一件事情，哪怕它很小，专注都会带来不寻常的收获！一位著名的学者说：“你千万不要依靠自己的天赋。如果你有着很高的才华，那就专心专注干一件事吧，它会让它绽放无限光彩。如果说你智力平庸，能力一般，那也专心专注做事吧，它可以弥补你才华上的不足。”

麦当劳在创业之初只是个小店，当时是一个叫克罗克的年轻人从麦当劳兄弟手中买下的这个小店。很多人认为克罗克是一个有点笨的人，因为他只开麦当劳店，完全可以买下加工牛肉以及养牛厂，但克罗克只开店，加工牛肉以及开养牛厂的钱他让一个荷兰人赚，那个荷兰人承包了麦当劳所有店所需的牛肉，养牛场全在他一个人旗下。好多年后，人们在一个农场里找到那个荷兰人，但他除了牛以外一无所有，而此时克罗克早已将麦当劳店开遍全世界了，他使麦当劳成为了世界快餐第一品牌，而他自己也成为了美国最有影响力的企业家之一。看，这也许就是专注做事业的力量吧！

现实中，各种诱惑无处不在，无时不有。诱惑就像攀附于树干的藤蔓一样，纠缠于人成长的全过程。因此，人的成长过程，实质上就是与诱惑抗衡、化解诱惑、战胜诱惑的过程。而专心专注是做事成功的最高境界，是战胜诱惑的最有力武器。

人有了专心专注的力量，就能经受得住各种风吹浪打，经受得住失败挫折，就能锲而不舍，百折不挠，就不会遇到困难灰心丧气，半途而返，就不会随波逐流，在世事纷扰中迷失自我。

所以，要想干出一番杰出事业的人，需要专心和专注，把自己的全身心扑在自己感兴趣的事业上，千万不可朝三暮四，分散精力，要知道专心专注于工作比仅仅靠天赋重要得多。

努力做好该做的事

有这样一个年轻人，他的家境赤贫，连父亲去世后下葬的钱都是邻居亲友凑齐的。父亲亡故后，母亲在制伞工厂上班，每天工作10个小时，下班后，还要带些按件计酬的工作回家做，一直忙到晚上11点。

在这种境遇中成长的他，少年时有一次参加附近教会举办的话剧演出，他觉得很有趣，于是决心要学好演讲。这次偶然的经验，成为他日后从政的契机，30岁时，他终于当选为纽约州议员，但当时他尚欠缺履行议员职责的准备。

由于他的文化水平很低，所以，工作中碰到很多困难。当他阅读必须付诸表决的冗长而复杂的议案资料时，他完全莫名其妙，有如面对一种难辨的文字一般。再有，虽然他从未踏进森林一步，却被推选参加森林法立法工作，而从没跟银行打过交道的他还被选为银行法立法委员会的一员。

这些荣誉不得不使他感到懊悔烦闷，有时他真想辞职不干。但他终究没有辞职，主要原因是不愿让母亲知道他无法胜任这些职务。

后来，他认识到，不必为自己菲薄的知识而难过，只要努力就可以弥补欠缺。他下定决心，每天学习16个小时，对应该了解的知识加以钻研。

他忘掉了自己小学没毕业的事。自学10年后，他成为纽约州政治事务的最高权威，获得了无数的荣誉：连续4次当选为纽约州长，6所大学——包括哈佛大学和哥伦比亚大学，都曾给这个小学未毕业的男人授予了名誉学位。

不懈的努力终究使他从地方型政界要人物，变成了全国性的政治家。《纽约时报》盛赞他是纽约最受欢迎的公民，这个不凡的人就是一代伟人亚当·史密斯。

每一个人都不必为自己没有进入理想的学校或犯过某些过

错或有过某种挫折而悲伤不止。相反，应该更加努力地去接受现实生活中的每一件事，并让自己越变越优秀。

高中毕业后，“猫王”靠开卡车为生。1953年，他用开车攒下的钱在孟菲斯市的一个录音棚里录制了一盘自唱自弹的磁带，作为送给母亲的生日礼物。机缘巧合，录音棚老板，山姆·菲利浦斯听到他的歌声，被这个卡车司机独特的演唱风格和对音乐的执着深深打动了。山姆立即跟猫王签约，请他加入自己的太阳唱片公司。

玛丽莲·梦露出生在美国洛杉矶。1944年，梦露在军工厂流水线车间上班时，被一个陆军摄影师注意到了。摄影师请她为几幅宣传画作模特，梦露从此走红。不久，一家模特中介公司与梦露签约，并送她进专业表演班学习。1946年，她正式加入20世纪福克斯电影公司。

塞缪尔·莫尔斯从耶鲁大学毕业后，在伦敦学习绘画，后来发展为一个成功的肖像画家和雕塑家。1825年他捐资建立了纽约国家设计院，次年，成为该院首任院长。1832年，他受聘于纽约大学艺术系，成为该系的绘画和雕塑教授。任教期间，他发现化学和电学中有个奇妙的世界。几年后，他研制出一部电磁通讯仪器，并为这个仪器创造了一套密码——莫尔斯电码。

麦当娜于1958年出生在密歇根州，高中毕业后进入密歇根大学，并获得舞蹈系的奖学金。但她两年后辍学，前往纽约寻求发展。成名之前，她在肯德基、炸圈饼店里当售货员，还曾当过清洁工和衣帽间的侍者。

肖恩·康纳利1930年出生于苏格兰的爱丁堡，他做过泥瓦匠、游泳馆的救生员等工作。1950年他在“世界先生”健美大赛上获得季军后，开始在电影里饰演一些小角色，但生活来源还是靠给棺材刷油漆和上光的收入。后来因为出演《诺博士》中的詹姆斯·邦德（007）一炮打响。康纳利共主演过6部007系列片，并荣获第60届奥斯卡最佳男配角奖……

如果你现在的生活环境不是你梦寐以求的理想环境，不要悲观，因为上面介绍的很多名人都曾有过与你相同的境遇。人最重要的，不是我们现在在什么地方，拥有什么样的条件，而是我们正在朝着什么方向迈进，付出什么样的努力！

美国福特汽车公司的创始人亨利·福特有着执着的创业精神，他十分努力学习，从来不耻于向他人请教。亨利·福特是农家子弟，当他看到人跟在慢腾腾的牛后面犁田，认为实在太浪费时间，于是，他想制造出便捷有效的机械来代替人力、畜力。

有一次，亨利·福特乘马车去底特律。途中，他生平第一次见到一辆不用马拉、自己能行走的蒸汽推动的车子。趁着这辆蒸汽车停下来时，福特向驾驶员问了一大堆有关性能、操作方法的问题。回家后，他做了个木质车身，又用一个2加仑的油桶当作锅炉，试图推动他制作的“车身”……

带着强烈的创业愿望，17岁的亨利·福特最终去了底特律的汽车制造公司就业。可是，只干了6天，他就辞职了，他的理由是：“该公司先进员工必须花费好几小时才能修复的机械，我只要30分钟就修好了，使那些先进员工对我感到嫉妒不满。”

1891年，亨利·福特进入爱迪生电灯公司工作，致力于设计自己的“自动马车”；1896年，他的愿望实现了；1899年，亨利·福特成功地制造了三辆汽车，被公认为这一领域的先驱；1901年，亨利·福特成立了福特汽车公司，但1902年公司就散伙了；1903年6月，亨利·福特又重新创立了福特汽车公司。他设计制造的“A型车”销路奇佳，一年多时间里销出1000多辆。后来，亨利·福特又设计了N型车、R型车、S型车，都十分畅销。1908年，具有划时代意义的“T型车”诞生了，此车先后共销出154.5万辆，为普及小汽车做出了贡献，创造了世界汽车生产史上的奇迹。

亨利·福特之所以能取得如此辉煌的成绩，与他积极地应对现实的变化，敢于创新的努力是分不开的。他创立了“福特生产方式”——流水线生产，从此解放了劳动力。1908年，亨利·福特决定聘请管理专家沃尔·弗兰德斯进厂，协助进行生产方式的变革，并允诺，如果弗兰德斯能在12个月内生产出1万辆车，给他2万美元奖金。最后，1万辆车的年度生产目标提前实现了。此时弗兰德斯虽然独自创建自己的公司去了，但亨利·福特却从他那里学到了大规模生产线所需的技术管理知识。

1913年8月，亨利·福特决定，把技术员艾夫利和威廉·克朗在发动机、主轴、磁电机组装三条供给线上使用的“运动中的组装法”推广到总装配线上，此举获得成功。从此，大批量流水线生产方式诞生了。一时间，亨利·福特成为美国人心目中的“民族英雄”。

在亨利·福特成功的诸多因素中，有一点是不容忽视的，那就是，他知道自己在什么情况下该做什么，并通过学习和思索努力将事做好，同时他为了将事做好，愿意比别人付出更多的努力。

努力做好该做的事，不仅是人们的使命，更是人们义不容辞的责任，回避难题、问题都是没有用的，人只能勇往直前地向前。

● 培养自己热爱工作的兴趣和热情

一位哲人说过：“人生就是一部纪录片，你每时每刻都在拍摄着自己生命的影片。”

是的，所有的成功都不可能是一蹴而就的，所有的人都不可能一步登天，所有的目标都必须通过一步步的努力和一点一点地进步才能实现。持之以恒地努力与持续不断地进步，是通向成功的法宝。一个人取得一点成绩并不重要；重要的是每天都要有进步，哪怕只是进步一点点。所以，我们每一天都要进行必要的努力，才能不负自己的生命。

萧伯纳的父亲乔治·卡萧原是个谁都不喜欢的懒惰者。不论是酒醉还是酒醒的时候，跟他在一起，都是很无聊的人。他多半是醉醺醺的，小孩子看见他斜睨着一只眼睛，无不哄然大笑。由于喝酒太多，他的面容愈加显得怪模怪样。他每时每刻紧抓着威士忌酒瓶，老婆儿女的事情一概不管。

萧伯纳15岁时，就不得不出去找事做，他在都柏林一家不动产商会工作，一个月挣4.5美元。

20岁时，萧伯纳去了伦敦。在那里，他有好几个月的时间，半死不活地“过日子”。倘若没有一位好心的妇人，为了让他赚几个钱而请他来教音乐，他就流浪街头了。

在一个浓雾弥漫的傍晚，为了不花钱寻找工作，他来到一个讨论会的会场。他当时太激动了，竟想参加讨论，其结果是成了大家的笑柄。他不怪别人，只怪自己嘴笨，说出的话颠三倒四，羞得他无地自容。

这次在公众面前的失败促使他觉醒了。原来在过去的那些日子，他是自觉不自觉地模仿着他那无所作为的父亲，然而现在他发誓一定要学会在大众面前说话。他随即参加了许多讨论社团，只要有公开的讨论会，不管在何处他都去参加。

开始时，他感到困窘，经过不断地学习，他“嘴笨”的情况逐渐地好起来，他已知道怎么把话说得通晓明白。不久，他就被各种集会邀请前去做专题演讲。有12年的时间，他是靠着演讲过日子的。

后来，他想将演讲的才能应用于写作。于是，他给自己规定，每天必须写5页内容，无论好坏与否。就这样又过了4年，但他从写作中，总共才得到30美元的稿费，这不免使他失望，但他鼓起勇气继续写作。后来，他写了5部长篇小说，全部被60家出版商所拒绝，这令他更为失望。停笔不写了吗？不行，绝不行！他吸取了当初演讲从失败到成功的经验，坚信自己写作努力就不会失败。他鞭策着自己，仍然每天写一定数量的文章。如此全力以赴，最终他成了世界上最有名气、收入最多、最为人们喜爱的作家之一。

萧伯纳的父亲是个失败者，然而他未受过正规学校教育的儿子，却通过全力以赴地努力，成了全世界人们学习的楷模，最终成为一个成功者。

在一个办公室里有几个打字员，其中一个人工作不久就对这份简单机械的工作产生了厌倦的情绪，每天不是愁眉苦脸就是唉声叹气，而另一个人常常加班加点工作，同时面带笑容。

她说，为了对工作产生兴趣，她与自己竞赛，每天都争取比昨天做更多的工作，这样一来，她渐渐地有了比别人都快的打字速度。此后，她每天做完自己的事情，还会帮助别人做一些额外的工作。因为她的勤奋和热情，后来被总经理请去做了秘书。

“天下没有免费的午餐”，人要想成功就必须付出艰辛的努力。人唯有培养对工作的兴趣和热情，才能在自己的领域里有所成就。而敷衍了事、得过且过的人最终将会一无所获。兴趣和热情是做事的基础，拥有兴趣和热情，人才能从做事中收获无穷的乐趣。

有一个女孩，文秘专业毕业后进入一家事业单位做行政秘书，每天的工作就是接电话，管理办公用品，定会议室，她觉得很烦琐无趣，像个打杂的人，于是不到三个月就辞职了。

后来，她来到一个商贸公司做办公室秘书，觉得这家公司应该还不错，结果没想到做了几个月后感觉和之前所做那份工作差不多，她于是对文秘工作彻底失去了兴趣，并且认为自己专业选错了，她想要做一份能体现个人价值，符合自己兴趣的工作，于是辞职准备做销售。她认为做销售才能证明自己存在的价值，才能充满激情地工作。

通过努力，她成了一家公司的销售代表，在这家公司的销售业务中，很大部分需要通过电话销售来积累客户，时间一长，女孩再度感到枯燥和巨大的压力。那一阵，每天睁开眼她都会想到重复的电话内容和被拒绝的沮丧感，堆积如山的销售任务让她很郁闷。后来，她再次提出了辞职。

女孩觉得自己应该先学门技术，于是又用4个月时间考取了系统工程师，通过亲戚介绍进入了当地一家互联网公司做计算机维护人员。机房工作不忙，也可以学到很多计算机专业知识，可是女孩觉得每天接触的人很少，与人沟通的机会更少，这些让她觉得压抑，于是，她又选择了辞职。两年之间，这个女孩换了四份工作。

一份职业是否令人满意，不仅取决于兴趣，还取决于胜任能力和价值观的匹配度。能够在竞争激烈的社会中获得一份工作已是不易，哪怕工作最初是枯燥或无趣的，都应该脚踏实地去从事。而培养自己热爱工作的兴趣，就能快乐地通过脚踏实地的苦干提高自己的能力，就能发现自己的潜能以及长处，实现自己的价值。

当然，很多人在开始职业生涯之后会感到不满意，这种不满意会逐渐形成心理反感，然后影响心理，具体表现则是在工作中流露出心灰意冷和无精打采的情绪。这样干工作是干不好的。既然选择了职业，就应该培养自己热爱工作的兴趣，这样在有了工作的收获和小小的成绩中就更能鼓励自己前进的信心，并挖掘自己的长处，提高对工作的胜任能力。

价值观和兴趣的培养，有时需要一个较长的过程，有些人频繁跳槽会让自己走入不自信的误区。所以喜不喜欢工作，对工作有无热情和兴趣，都需要过程来检验，需要用人的责任心来培养。如此，我们的事业才会有发展，我们的努力才会见到成效。

• 让“成就动机”成就自己

成功学中有一种“成就动机”的说法，而此说法前还有“成功量尺”一说。“成功量尺”是指对自己做出的自我评价。毫无疑问，每个人事业的发展是有阶段性的，在每一个不同的阶段，个人努力的方式、方法都会有所不同，取得的成绩、获得的进步也有大小、快慢的差别。在这种情况下，必须对自己的发展情况进行评价。比如说：我这一阶段事业发展的大致方向正确吗？这种方式是否适合事业，还有更好的方式吗？这一阶段的事业进展情况怎样，与前一阶段发展情况比是减缓了、一致了，还是加快了？其原因何在，等等。

“成就动机”可以使人们对自己事业的发展情况有一个全面的、整体的了解，对成绩或问题进行剖析，也可以总结经验和改进方法，从而使自己在发展个人事业的征程上走得更加坚定和正确。

哈佛大学教授大卫·麦克里兰曾设计过一个情境，来测验一个人的成就动机大小。

他的测验是这样的，在一个屋子里，一个人独自玩套圈的游戏，这个人可以自由选择起点位置。如果他是选择距离目标很近的位置，百发百中；如果他是选择距离目标很远的位置，那么恐怕鲜有套中；如果选择距离目标适中的位置，可能约有一半次数套中目标，但不同的选择又都意味着什么呢？

麦克里兰说：“如果选择前两者，即距离目标很近或很远的位置，就说明这个人是成就动机较低的人。他做事情是为了避免失败。确切地说，是为了避免失败带来的负面情绪。因为距离很近，绝不会失败；距离很远，别人也成功不了，自己也不会因失败而被别人瞧不起。相反，如果这个人选择了最后一种做法，就是选择距离目标适中的位置，则表明他是一个成就动机较高的人，这个实验说明一个人敢于不断地在自己的潜能内挑战自己，追求成功的可能。这个实验还说明，人做事不是为了做给别人看，而是追求自我超越、自我成长。这就是人想成功的“成就动机”。

“成就动机”是指一个人在完成某种任务时，力图取得成功的动机。它是个人对自己所认为重要或有价值的工作去学习、努力的动机。如青少年想玩好一种游戏，中年人想维护身体的健康，老年人希望在有生之年能完成自认为重要而有价值的工作，等等。“成就动机”在人的动机结构中占有重要地位，它是人类适应社会的动力源泉，是人类的抱负、雄心和获得成功的强烈冲动，甚至决定着人们一生最终达到的高度。

“成就动机”对个人的发展和社会的进步具有重要作用，它好像一台强大的发动机，激励人们努力向上，在前进道路上克服各种困难，取得一个个成就。

人都具有追求卓越、实现目标、争取成功的需求，这种需求可以演变为“成就动机”。具有强烈“成就动机”的人的特点是：他们追求的是个人成就，而不是金钱本身；他们极想把事情做得更好、更有效；他们能为解决问题的方法承担责任，及时获得对自己有成效的反馈，以便判断自己是否有改进；他们喜欢设置有中等挑战难度的目标——因为中等难度的工作既有成功的可能，又有足够的挑战性，能够满足个人的“成就动机”；他们不是赌徒，所以不喜欢靠运气获得成功，他们也不喜欢成功概率过大，那样对自我能力没有挑战性。他们认为当一项任务的成功可能性为50%时，他们的表现最好。

心理学研究表明，在两个人聪明才智大体相同时，“成就动机”高的人比“成就动机”低的人在活动中成功的可能性要高。“成就动机”高的人在活动中要求高标准，并且尽力把工作做好。在学习上，“成就动机”高的学生可能会取得好的学习成绩；在事业上，“成就动机”高的工作人员可能取得优异的工作成绩。

一个人的“成就动机”水平决定着目标的选择和实现目标所采取的策略，决定着他是追求极高的目标而不怕冒险，还是墨守成规、稳妥至上。“成就动机”高的人往往喜爱捕捉大目标，放弃一些小目标，一旦面临真正值得追求的目标，他们会无所畏惧、勇于冒险。在竞争的情况下，这类人也会有出色表现，因为他们的坚持力来得更长久。

人的价值观、世界观不同，所以每个人对成绩的认同标准就会不同，与之相伴而生的成就感也就各不相同了。比如，从事同样工作、各方面待遇都基本相同的两个人，就有可能一个有成就感，而另一个却不以为然；同样，两个成就完全不同的人，也可能因为价值观、世界观的不同，成绩出色的人丝毫感觉不到成就感，而业绩平平的人倒觉得很有成就感。但是无论如何，每个人所拥有的“成就动机”，都会成为自己的事业的强大动力。

有关学者曾针对“成就动机”与人生绩效的关系做过一项调查。他们对一群普通人进行了25年的跟踪，结果发现：没有“成就动机”的人，处于社会的最底层；“成就动机”一般的人，成为“蓝领”；“成就动机”很强的人，成为“白领”，属于专业人士；而“成就动机”特别强、不达目的不罢休的人，更多地成为社会的精英、各行各业的领袖。

有一些成功者的“成就动机”，是来自于对其他成功者的艳羡与模仿。人渴望达到更高的成就和境界，是“成就动机”产生的根源之一。另外，人还有许多“成就动机”来自于现实生活的刺激，是在外力的作用下产生的，有些甚至不是正面鼓励型的。这种刺激经常在被刺激者心中激起一种强烈的愤怒、怨恨与反抗精神，从而使他们做出一些“超常规”的行动，爆发出“超常规”的能力。

提高自我的“成就动机”，可以促进努力向上，也可以进行自我督促。比如说，你在这一个发展阶段上获得了成功的经验，取得了很大的进步，你就会在自我反省中得出结论，受到启发，督促并警惕自己戒骄戒躁，发挥优势、长处，以争取更大的成绩。而如果你在这一阶段的发展情况不很理想，那你就会吸取经验教训，总结失败原因，并思考解决的办法，督促、鞭策自己走好下一步的人生之路。

● 坚持是一切“可能”的基础

奥格·曼狄诺指出：爬山虽然不那么容易，然而也并不太艰难，只要你一步一步地爬，就能爬上山顶。事业上也是同样的道理。前进的征途中，千万不要一遇到阻力就停下来，轻易地放弃。在所有那些最终决定成功与否的品质中，“坚持”无疑是实现目标的基础。

马克曾在一次滑雪比赛中体验到坚持的心理考验。

在这次比赛当中，马克一开始滑得还真不错，“嗖嗖”向前，如离弦之箭。但在他滑了250米之后，就觉得有点儿吃不消了。他只好眼睁睁地看着别人一个个轻松地从身边滑过去。

就这样，他一下子被孤零零地甩在了后面，整个心里布满了失败的乌云。

马克盼望着路旁出现小木屋，但小木屋并没有出现；他盼望着有急救车推开积雪来把他带上，但也没有出现急救车，他甚至还设想会有直升机的营救——可是，这也仅仅是空想而已。

马克只能咬牙坚持着，就这样想着坚持，坚持，滑着，想着……直到最后看到一块标志：“终点，250米。”马克简直有些不敢相信！他竟然滑到了终点。

对这件事，马克后来反思认为，坚持是考验一个人耐力的试金石。从此，他再碰到生活中的艰难险阻，就不再害怕、不再退缩了。因为在他看来，只有忍耐着向前，只有坚持不懈，只有保持积极的状态，自己的问题就一定能解决！

荀子说：“骐骥一跃，不能十步，驽马十驾，功在不舍。”如果人们全心全意地坚持工作，就没有做不好的工作。马拉松运动员们在筋疲力尽的时候，依然竭尽所能奔向终点，因为他们知道向着终点努力前进是自己的责任，所以他们能够坚持着不放弃。工作也是同样的道理，许多人失败，往往不是因为能力不够，而是因为他们没有再坚持一刻的决心。

在一次大型演说上，一位世界闻名的大师在众人的期待中登上舞台，走向舞台中央吊着的巨大的铁球。人们惊讶得看着他，这时，两个工作人员抬出一个大铁锤，大师说："请两位强壮的人到台上来。"很快，两个壮汉跑上舞台。

大师对他们说："请用这个大铁锤去敲那个吊起的铁球，直到它荡起来。"一个壮汉立刻举起大锤去砸铁球，人们只听到一声巨响，吊球却没有动荡。壮汉又试了几次，吊球还是纹丝不动，可他已经累得气喘吁吁。另外那个壮汉接过大锤，将吊球敲得叮当响，但铁球却是纹丝不动。台下的观众迷惑不解地看着大师，大师从衣兜里掏出一个小锤，对着铁球轻轻地连续敲击起来，接下去的一段时间里，大师一直在重复着这个动作。

台下的人们从惊讶变成骚动，甚至叫骂。会场里有人开始走动，有人开始睡觉。过了40分钟的时候，一个小孩忽然尖叫道："球动了！"的确，吊球开始以小幅度摆动起来，然后，随着大师的敲击越荡越高，场上顿时爆发出雷鸣般热烈的掌声。

大师停止了敲击，说道："在成功的道路上，你没有耐心去等待成功的到来，那么，你只好用一生的耐心去面对失败。"

很多人都有着雄心壮志，可是，却因为不能坚持向前，导致错过目标。大师在用小锤敲击着大铁球的时候，他对自己充满了信心，即便有人不相信他能做到让球晃动，他依然坚持着自己该做的事情。

坚持是什么？坚持是通往成功的必经之路。坚持是什么？坚持是通往胜利的桥梁！坚持是什么？坚持是通往成功的必经之路。

“水滴石穿，绳锯木断”，这个道理我们每个人都懂，然而为什么对石头来说微不足道的水能把石头滴穿？柔软的绳子能把硬邦邦的木头锯断？这就是坚持的力量。一滴水的力量是微不足道的，然而许多滴的水坚持不断地冲击石头，就能形成巨大的力量，最终把石头冲穿。同样道理，绳子亦能把木锯断。

一百多年前，一位穷苦的牧羊人带着两个幼小的儿子替别人放羊为生。有一天，他们赶着羊来到一个山坡上，一群大雁鸣叫着从他们头顶飞过，并很快消失在远方。

牧羊人的小儿子问父亲：“大雁要往哪里飞？”父亲说：“它们要去一个温暖的地方，在那里安家，度过寒冷的冬天。”大儿子眨着眼睛羡慕地说：“要是我也能像大雁那样飞起来就好了。”小儿子也说：“要是能做一只会飞的大雁该多好啊！”牧羊人沉默了一会儿，然后对两个儿子说：“只要你们想，你们就能飞起来。”

两个儿子试了试，都没能飞起来，他们用怀疑的眼神看着父亲，父亲说：“让我飞给你们看。”他张开双臂，但也没能飞起来。不过，他肯定地说：“我因为年纪大了才飞不起来，你们还小，将来坚持努力做飞的事，一定能飞起来，去想去的地方。”

两个儿子牢牢记住了父亲的话，并一直坚持努力做着飞行的工作，当哥哥36岁，弟弟32岁时，他们果然飞起来了，因为他们发明了飞机，这两个人就是美国的莱特兄弟。

凡成大事者都有着超乎常人的意志力、忍耐力，也就是说，碰到艰难险阻或陷入困境，常人难以坚持下去而放弃或逃避时，有作为的人往往能够挺住，而挺过去就是胜者。古代有“黄沙百战穿金甲，不破楼兰终不还。”这是边塞将士戍守边疆的坚持；坚持，是一种态度，“持之以恒是坚持的灵魂。

人人都渴望成功，人人都想得到成功的秘诀，但成功最重要的是坚持。如果在成功路上，不能坚持，成功的大门绝不会轻易地开启。历史告诉我们，坚持不懈，成功就会到来。